Arnold Jardon

**Grammatik der Achener Mundart**

Arnold Jardon

**Grammatik der Achener Mundart**

ISBN/EAN: 9783744602914

Hergestellt in Europa, USA, Kanada, Australien, Japan

Cover: Foto ©ninafisch / pixelio.de

Weitere Bücher finden Sie auf **www.hansebooks.com**

# GRAMMATIK

DER

# ACHENER MUNDART

VON

## DR. ARNOLD JARDON.

[I. TEIL: LAUT- UND FORMENLEHRE.]

AACHEN 1891.

VERLAG DER CREMERSCHEN BUCHHANDLUNG.

# Berichtigungen.

s. 4 z. 9 v. unt. md. und ndd. zu tilgen.

s. 8 II ist so zu fassen:

1.) germ. o wird $\bar{u}^n$: du$^n$, fu$^n$, schü$^n$ne, drü$^n$ch, fü$^n$r, brü$^u$r, schmü$^n$r; u in but, wut, uver.

Anm. Diesem gebrauche haben sich angeschlossen eine reihe von wörtern mit au oder a + w: lü$^n$n, jrü$^n$s, tru$^n$s, lü$^n$s, blü$^n$s, schü$^n$s, pü$^u$t, dü$^u$t, nü$^u$t, lü$^n$t, ü$^n$r, hü$^u$r — flü$^n$, frü$^n$, lü$^n$, rü$^n$ und die fremdwörter: krü$^n$n, tü$^n$n, kü$^n$l.

s. 11 oben 5. a + w bez. au ist . . . z. 4. add. vgl. s. 8 II anm. z. 19 fidwor. z. 20: hei, fei, brëïf zu tilgen; vor 5. füge hinzu: Anm. Langes e hat sich angeglichen in hei, fei und in brëïf.

s. 19. Anm. oben: hinter at einzuschieben bez. nd. und dufent zu tilgen.

s. 20. z. 4 v. unt. welt zu tilgen.

s. 23. z. 9 v. unt. add.: w ist labiodental in für (wir).

s. 35. z. 11 v. unt. zu tilgen.

# Laut- und formenlehre der Achener mundart.

Schämt üch nět děr ŏcher käl,
dě schŏnste schprŏ̆ch fä kẹiser kal.

J. MÜLLER.

Im vorwort des „Idiotikon der achener mundart" heisst es: „Nach dem anfänglichen plane sollte diese schrift aus drei abteilungen bestehen, deren erste eine geschichte der hiesigen mundart .... enthalten sollte. Dieser historischen einleitung sollte eine ausführliche dialektologie und demnächst eine art formenlehre .... sich anschliessen."

So schrieben Müller und Weitz vor 54 jahren. Inzwischen ist mit der fortschreitenden erforschung der deutschen sprache die teilnahme für mundartliche erscheinungen bedeutend gewachsen. Dies bestimte den verfasser, den ursprünglichen plan von Müller und Weitz wieder aufzunehmen und den arbeiten von Wahlenberg: „Die niederrheinische (nord-rheinfränkische) mundart", Gymnasialprogramm, Köln 1871; Röttsches: „Krefelder mundart", in Frommanns mundarten b. 1. der neuen folge; Heinzerling: „Ueber den vokalismus und consonantismus der siegerländer mundart", Marburg 1871; Wenker: „Das rheinische platt", Düsseldorf 1877; Winteler: „Die Kerenzer mundart", Leipz. 1876; Koch: „Die laute der Werdener mundart in ihrem verhältnisse zum anfr. as. ahd.", Gymnasialprogramm, Aachen 1879; Nörrenberg: „Studien zu den niederrheinischen mundarten", beitr. zur gesch. der deutsch. sprache b. IX; Kauffmann: „Geschichte der schwäbischen mundart im mittelalter und in der neuzeit", Strassburg 1890; Blattner: „Ueber die mundarten des Kantons Aargau, vokalismus des Schinznacherma", Brugg 1890; Bopp: „Der vokalismus des Schwäbischen in der mundart von Münsingen", Strassburg 1890; Heusler: „Der alemannische consonantismus in der mundart von Baselstadt", Strassburg 1888; Holthaus: „Die Ronsdorfer mundart", zschr. f. deutsche philol. b. XIX, eine laut- und formenlehre der „Achener mundart" folgen zu lassen.

## Die lautlehre.

### Laute der achener mundart.

Selbstlaute: ɑ, a, ç, ꞓ, e, i, ọ, ǫ, o, u, ọ̈, ǫ̈, ö. ü.

kurze: ä, ę̆, ꞓ̆, ĕ, ĭ, ọ̆, ǫ̆, ö, ŭ, ŏ, ọ̆, ŏ, ŭ.

Doppellaute: çi, çi, ei, au, ǫu, ou, ọ̈ü, öi.

Mitlaute:

dentale: d, t, s, ʃ.

labiale: b, p, w, v, f.

palatale: ꞓ, ꞓ, k, j, ch.

nasale: m, n, ñ.

liquide: l, r.

ç, ǫ, ọ̈ bezeichnen die offenen, ꞓ, ǫ, ö die halboffenen, e, o, ö die geschlossenen laute, ɑ das Trautmannsche höhere a (Trautmann. Sprachlaute, s. 40). Von den consonanten bezeichnen d, b, j, m, n, ʃ, w, v die stimhaften, t, p, ch, s, f die stimlosen laute. Der schlaglaut g ist in der mundart zum stimhaften reibelaut j geworden. ñ ist das zeichen für den gutturalen nasal, in der schriftsprache gewöhnlich durch ng bezeichnet. Von den doppellauten wird das ei nicht wie in der schriftsprache ai, sondern als stark gequetschtes e + i gesprochen.

### Cap. 1.

### Die selbstlaute.

### A. Der selbstlaut a.

### I. German. kurzes ä.

1. Als kurzes ä erhalten in heute offener wie geschlossener silbe: flám, ʃámele, rámele, schtämele, ʃámet, hämel, hämer — kän, pän — schtäñ, schwäñer — bläfet (maul), ʃäf — mäs, bläs — jäz (bitter), käz, vräzel (warze) — bäsch (sprung, von bersten), mäschele und mätsche (in nässe herumwühlen), pál̅m (buchsbaum), wäschele (schwätzen) — tächel (ohrfeige) — mätsch (marder) — ʃádel, väder; ät (schon), bät (aber bade), pät, plät, blät, kouflät (kuhmist), jᵉlát, ʃät, schtät — kräbele, bäbele, schläbere; jäp (das gähnen), jräp (das zugreifen), zäp (schenkwirtschaft), fläp (ohrfeige), käp, läp, äpel, jäpe — fräk (herbe), schnäk (grade), käk (flügge), jäk, päk, bäk (das backen), pläk (der borg), bäke, fäkel — äksel, näks (nackt). — äl, král, jál, käl (geschwätz); — bälᶦch (balg), bälᶦje (raufen), jälᶦch.

Ein ä ist erhalten, wo nhd. o steht in fä (von).

2. Dehnung der alten kürze ist eingetreten
   a) In offener silbe.
      aa) Heute noch offene silbe erhalten.

kamer, schame, zesame; — ane, jrane (gräten), lane (laden), vermane, panesfű̈r (träber). — haver, lave, jrave, schave (schaben, tüchtig essen). — hajel, najel, knaje (nagen, ahd. knagan), draje, majer, bajere (nächtlich schwärmen) — lache, mache, krache, schmache (schmecken) — brase (schwelgen) — bade, člade, (sich) beschtade (verheiraten), bate (helfen), kater — lake — fare, schpare -- daler, male.

bb) Heute geschlossene, ahd. offene silbe.

flam, fam (fadem, faden), ham oder han (kummet), nam — ban, fan, han — nas, bas (bäsa), has, nas (näsa). — krach (kräge), — fal, kal (chalo).

Anmerk. Ueberlang ist a in mât (markt), halblang in mat (magd), scha^u (scado, schaden).

b) In geschlossener silbe vor m, s, f, ch, t, r; ferner vor m, n, ch, l, r, s + consonant.

klam (feucht), jas (gasse) — rafe, klafe — dach — at (kanal) — kar, bar (irdenes gefäss) — damp, kramp, schtampe, lamp, ampere (säuerlich schmecken) — brañk (brand), kañkt (kante), pañk (pfant), lañk, drañk (der drang; dagegen droñk = der trank, trunk ahd.), añer, planz, schwanz, danz, wanz, jañks (gans), pansch (bansch) — kal^rk, jal^em (qualm), halz, malz, ſalz — las (last), kwas(t), taste — a vor geschwundenem ch und r: as (achse), was (wachs), flas (flachs), wase (wachsen), ater (achter), nat (nacht) — bat (bart), at (art vgl. at kanal), schwat (schwarte), kat, ade (arten), jade, wade, kal in kẹiſerkal, für karl sonst kar^ul.

Anmerk. Nicht gedehnt ist schwäz (swarz).

3. Der umlaut des kurz gebliebenen a ist offenes oder halboffenes é.

a) offenes ẹ̆ vor n, ñ, ch, v, f, d, t, k, p, z, nd, nk, ks; l und r + consonant: kẹ̆ne, ẹ̆ñ, ẹ̆ñel, mẹ̆ñe, pẹ̆nek, schtẹ̆ñel, schtrẹ̆ñ, — hẹ̆ch, — hẹ̆ve, ẹ̆vel (aber), blẹ̆f (geöffneter mund), lẹ̆fel, schẹ̆fel — kẹ̆t, bẹ̆t, pẹ̆t (Kröte), zẹ̆del — dẹ̆ke, ẹ̆k, hẹ̆k, hẹ̆ke (ausbrüten), schtrẹ̆ke, wẹ̆k, wẹ̆ke — tẹ̆pich, bọ̆schkuẹ̆per (waldbumler), — mẹ̆z, nẹ̆z, krẹ̆z (krätze) — verschwẹ̆nde — ẹ̆ñkt, hẹ̆ksel, ẹ̆ldere, wẹ̆lsch, hẹ̆l^efche (¹/₂ mass), kẹ̆l^emes (galmei, calamus), ẹ̆lster; — fẹ̆r^ef (farbe), opbẹ̆rme (aufhäufen), hẹ̆rps, hẹ̆r^em (harm), bẹ̆r^ich (verschnittenes schwein) — flẹ̆sch (flasche) — kwẹ̆tsche.

b) halboffenes ẹ̆ vor j, s, t, tl, ñ, ls: kẹ̆jel, nẹ̆sel, fẹ̆ter, schẹ̆tlich, hẹ̆ñs, ẹ̆ls (als).

Anmerk. Geschlossenes ĕ findet sich nur in mẹnsch.

4. Dehnung macht umgelautetes a zu offenem oder halboffenem e, vor s + consonant zu ẹi.

a) offenes ẹ: kẹme, fẹme, mẹn^ich (manag), — schrẹch, ſẹch, schlẹch (schläge) [halblanger selbstlaut] — jẹje, drẹjer, nẹjelche (nelken), ẹje (klagen) — ſẹbel — hẹl (hart) — ẹnt (ente), fẹnt, zẹñke (zanken) — dẹñke, verrẹ̈ñke, schẹmde — lẹstich — ẹlz (wermut), kẹl^ich — fẹr^ke (schwein). mẹr^eke, schtẹr^ek (stark), mẹr^ek (mark), bẹrefösich (barfuss), ẹr^ek (mühlenarche).

b) halboffenes ẹ hauptsächlich vor r: ſẹr^ek, nẹre, mẹr, jewẹr, jeſẹr, kẹre, bẹr^em (haufen), schwẹr^em, dẹr^em, ẹr^em (subst und adj.), ẹr^ich (arg), wẹr^em — beñklich (ängstlich). Der ölaut findet sich nach ẹ vor l, s und bei schwund eines r: ẹ^öle. ẹ^äſel, fẹ^ölsjas, fẹ^öſe (zupfen) — kẹ^öl. fẹ^ödich, ẹ^öz, kẹ^öz.

c) ei in keisel (kessel), leis (letzt zu las), reiste (rasten), jeis (gäste), eisch (asche), teisch (tasche), weisch (wäsche).

Anmerk.: Der umlaut ist nicht eingetreten in träp (treppe), bäk (becchi), tar — schtrañk (strenge), fas (festi), baste (die leisten des tuches mit bindfaden versehen), schmache, schmach (schmecken genuss); schame.

5. Umgelautetes ä ist zu e, dann weiter zu i̊ entwickelt in mi̊n (mana, mähne), fi̊sch (windeln), bi̊ste (dass. wie baste).

6. Kurzes a ist diphthongiert zu au vor stimmansatz zu w bei schwund eines l vor d, t, f, z: bääw (bald), schääw (schalte), fääwe (falten), hääwe (halten), ääwe (flektierte form zu alt) — ou vor f in der regel: kouf (kalb), houf (halb) — fouwere (falthor). Der diphthong ist zu o̊ zusammengezogen in o̊t (alt).

7. Während langes a regelmässig zu o geworden ist, finden sich nur wenige spuren dieses übergangs beim kurzen a.

a) Durch angleichung an den plural im sing. praet. der starken verba mit gedecktem und einfachem nasal und den spiranten f, ch. fǫñ, bǫñ, schprǫñ, fǫ̈ñ, jewǫñ, schwǫm. — Langes o tritt ein vor nk und lp: droñk, foñk, schtoñk, hol̊p. — Der ölaut erscheint vor m, n, f, ch: nǫ̈m, kǫ̈m — trǫ̈n — jǫ̈f — fǫ̈ch, lǫ̈ch.

b) In pǫsche (pascal), wǫlbere (waldbere), schwǫlsber (schwalbe), mǫlbet (klinker, marmel), hǫde = havede durch den einfluss von v. Mit ölaut vor f, m, j, f in rǫ̈f (rabe), schrǫ̈m (strich), wǫje (wagen), rǫ̈fe (rasen, schimpfen).

8. Kurz a ist durch angleichung an den plural zu ů geworden im praet. der verba nach der IV. ablautsreihe: schprůch, brůch, schtůch, trůf, schtůl.

Anmerk. 1. Neben jǫ̈t findet sich jutsch für gerte, wol entwickelt aus gartia, *gourtia, *gontja. ü findet sich für nhd. a in dem fremdwort tübak, ü neben ä in bubele.

Anmerk. 2. In den fremdwörtern känil, kämil, kätun, kräschtei (kastanie) ist in der unbetonten silbe ä erhalten, dagegen in knin (kaninchen) ausgefallen.

Anmerk. 3. In nebentoniger silbe ist ä zu ï geworden, wo nhd. ä erhalten ist, in den zusammensetzungen mit dach: Sondïch etc.

## II. German. langes a.

1. Der allgemein md. und ndd. übergang von a zu ǫ ist auch in der achener mundart die regel; hinter dem ǫ entwickelt sich der ölaut.

a) Beim praet. der verba der IV. und V. ablautsreihe. Vor m, n, v, j, s tritt der ölaut auf. nǫ̈me, kǫ̈me, jǫve, lǫje, fǫje, fǫse, ǫse; ferner wǫr (war), jǫ̈n (ich gehe, gân).

b) wǫ̈, schtǫ̈, jedǫ̈ — ǫ̈m, krǫ̈m, fǫ̈m, brǫ̈mele (bramberi) — trǫ̈n, brǫne (braten), kaplǫ̈n, trǫ̈ne (thränen), brǫ̈n (wade, augenbrauen), ǫ̈ne — schtrǫ̈f, schǫ̈f, jrǫ̈f — plǫ̈ch, wǫ̈ch, schprǫ̈ch, nǫ̈ (nahe), krǫ̈ (krähe), — frǫje, schwǫjer — schtrǫ̈s, blǫ̈s, blǫ̈fe — rǫt, dǫt, (mǫt rǫt ẽn dǫ̈ᵗt), drǫ̈ᵗt, nǫ̈ᵗt, brǫ̈ᵈde (braten) — pǫ̈ᵘl, schtǫ̈ᵗl, allemǫ̈ᵘl (allesamt), mǫ̈ᵘle — ǫ̈ᵗr (ader), klǫ̈ᵗr, hǫ̈ᵗr, jǫ̈ᵗr, wǫ̈ᵗr (aber wǫret wahrheit), schwǫ̈ᵗr, jefǫ̈ᵗr, klǫ̈ᵗr (eñe klǫ̈ᵗre für schnaps). — ǫche zeigt ǫ.

Anmerk. a ist erhalten in al, schtat (staat, aufwand), sowie in den fremdwörtern schlat (salata), plan, kwal, par.

2. Der umlaut von langem a ist ë in ſelich; ę̈ᵘ in bę̈ᵗr (tragbahre), nę̈ᵘm (Nbf. zu nǫ̈ᵘm). Dieses lange ę̈ᵘ ist weiter zugespitzt zu iᵘ, das den gewöhnlichen umlaut darstellt: kriᵘm, bekwiᵘm, jeniᵘdich, schpiᵘ (spät); kwiᵘſel (betschwester), miᵘsich (mässig), kiᵘs (käse) — schiᵘr, opkliᵘre, beschwiᵘde — hiᵘl (querstange im schornstein), jemiᵘlde, riᵘtsel — liᵘch (läge).

a + j giebt ebenfalls iᵘ: biᵘne (bajan), ſiᵘne, schpiᵘne (entwöhnen), driᵘne, niᵘne, miᵘne.

3. Der umlaut ist erst eingetreten nach der senkung des a zu ǫᵘ in rǫ̈tsel, ǫcher und bei den pluralen ǫ̈ᵘm, krǫ̈ᵘm, kaplǫ̈ᵘns, wǫ̈ᵘch, drǫ̈ᵘt, nǫ̈ᵘt.

4. Langes a ist zu ǫ geworden in nǫber (nahgibûr, nachbar), nǫbere (stehlen), mǫlzit, jǫmere, ǫvent (abend, pl. ǫvende), schlǫf, schlǫfe, lǫt (lasst). Der umlaut dieses ǫ ist ǫ: nǫlt (nälda ahd.).

5. Langes a ist uᵘ geworden im plur. praet. der verba der vierten ablautsreihe: truᵘne (traten), — schpruᵘche, bruᵘche, schtuᵘche — schtuᵘle. Der umlaut ist üᵘ: schprüᵘche; derselbe findet sich auch bei den verben, die im indicativ ǫᵘ haben: nüᵘme, ſüᵘse, wüᵘre.

## B. Der selbstlaut e.

### 1. German. kurzes e.

1. Unverändert erhalten als offenes ĕ vor m, ñ, ch, v, f, t, d, k, l, r + consonant. nĕme, bĕñel (bengel und band), — fĕchte, rĕchne — jĕve, nĕver (neben) — trĕfe — brĕt, klĕt, bĕdele, lǫᵘslĕdich (los und ledig) — drĕk, flĕk, jĕk, schpĕk, schtĕk, schrĕke, trĕke, drĕksele, wĕksel (daneben wǫᵘsele wechseln) — bĕlle, iĕlde, hĕlᵗpe, kĕller, schĕl, schĕlde, schĕllebĕl (glöckchen), ſĕlᵗver (selber, dagegen ſĕlᵗver silber), wĕlt — bĕrᵗje, kĕrᵗver, schtĕrᵗve, verdĕrᵗve, dĕᵘ (der). — Geschlossenes ĕ weisen auf zëñ, nëvel, schmëk, schléke, jéstere.

2. Dehnung ist eingetreten vor n, ch, j, v, s, t, r, l und vor r + consonant, und zwar ist a) ĕ zu ę geworden vor ch, j, l + consonant: wĕch (weg) — bewĕje, feje, fĕchfür — fĕlt, mĕlᵗke, pĕlz; b) ĕ zu ę geworden vor r + consonant: bĕrᵗch, wĕrᵗk, schĕrᵗf, wĕrᵗpe; c) ĕ zu e geworden in schmelze.

3. German. ĕ ist zerdehnt zu ę̈ᵘ vor n, j, s, v, r, l, sch, nsch, nach schwund eines r: bę̈ᵘne (beten), rę̈ᵘne (regnen), ſę̈ᵘne (segnen), trę̈ᵘne (treten) — schwę̈ᵘjel — lę̈ᵘfe — klę̈ᵘve, lę̈ᵘve, lę̈ᵘver, wę̈ᵘve (weben) — schtę̈ᵘr (stern), ję̈ᵘr (gerne), fę̈ᵘr (feder), lę̈ᵘr (leder), wę̈ᵘr (wetter), wę̈ᵘ (wer) — ję̈ᵘl (gelb, gelo ahd.), schę̈ᵘl, schtę̈ᵘle — ę̈ᵘnsch (ernst) — ę̈ᵘt (erde), hę̈ᵘt (herde, aber hę̈ᵘt herd), wę̈ᵘt.

Diese zerdehnte form hat langes ę nach schwund eines ch vor t und

eines r vor n, t, d, l: kuç̈"t, rç̈"t — hç̈"t (herd), wç̈"de — pç̈"l, mç̈"l (merle).
— jç̈"sch (gerste).

4. Germ. ç ist diphthongiert zu çi vor s und ch: bçisem, drçische,
çise, çisich, frçise, mçise, nçis, verjçise — blçich, brçiche, pçich, schtçiche,
wçich (woche aus ahd. wehha), jçisch (hefe).

5. Unregelmässige entwicklung des e findet sich in einigen wörtern.

a) e ist a geworden unter schwund eines folgenden r in bäschte
(bersten), ház (herz), schtäz (sterz); ferner in flarmus (aus fledarmus. flearmus,
da intervokalisches d schwindet) und lábendich.

b) e ist zu i⁰ geworden durch angleichung an die entwicklung des
langen e in schmi⁰r (smëro), und nach schwund eines h oder r in fli⁰te
(flehtan), ki⁰sch (cerasus).

c) e + w ist i⁰ bez. ü⁰ geworden in li⁰f, lü⁰f (lewo, löwe); lü⁰f weist
allerdings auf die ahd. doppelform louwo hin.

d) e nach ku ist ǫ geworden in köme (queman).

## German. langes e.

1. Langes offenes ç ist erhalten in lçr'ch. ölaut findet sich vor r
und l in hç̈"r und fç̈"le (wol von faillir) unter gleichzeitiger kürzung des ç.
Langes e ist verkürzt zu ç̈ in çvich, lçne (lêhanōn, eigentl. lehnen, dann
leihen, wie lç̈"sche statt heissen), wçnich.
Halboffenes ç mit ölaut zeigt lç̈"m.

2. Die übrigen e sind zu i⁰ zugespitzt wie im heutigen griechischen
eta und im lateinischen ae in compositis: schmi⁰, ʃi⁰, wi⁰, schli⁰, khi⁰, ri⁰
(reh), i⁰ (ehe), ti⁰, bi⁰s, ti⁰f, zi⁰n (ahd. ziha, ndl. teen), i⁰r, hi⁰re (lehren,
lernen), ʃi⁰r, ki⁰re (wenden), ki⁰r (wendung), verki⁰rt, schi⁰r, hi⁰ler, i⁰der
(eher), i⁰sch (ërist, erst). — ʃi⁰, jʌʃi⁰ (sehen, sên).

## C. Der selbstlaut i.

### 1. German. kurzes i.

1. Altes i in geschlossener silbe ist erhalten in fi (vieh), ich, mich,
dich, ʃich, hje, pinsel, flim (schleimiger auswurf) zifer, jips, nik (genick), lit,
britsch, ziū (wanne); gedehnt zu langem i in linich, biber, fis(t), lis(t),
zu halblangem i in ris; nach dem halblangen i entwickelt sich ölaut vor
r, l oder nach langem i bei schwund eines ch: ni⁰r, jeschi⁰r, schti⁰r —
schtri⁰l, schti⁰l — jewi⁰t, tri⁰ter, opri⁰te, wi⁰t, ni⁰tche.

2. Altes i ist zu ç̈ gesenkt, und zwar meist zu ç̈, seltener zu ç und é
in den wörtern: klç̈me, schwç̈me, jewç̈ne, brç̈ne, schpç̈n, hç̈ne — lçū
(linde), lç̈nt (gelinde), mç̈ndere — jǫvel, schtǫvel — ʃç̈cher — dç̈ʃe; kç̈s(t),
lç̈s(t), rç̈s — jʌlç̈t, mç̈t, schlç̈t, schmç̈t, schrç̈t, trç̈t, bç̈ter, bç̈de, mç̈del,
mç̈dse; — blç̈z, schpç̈z, schlç̈z, hç̈zde — krç̈p, lç̈p, rç̈p — blǫk, dǫk, schǫke,
schtç̈ke — schtç̈l, wç̈l, bç̈lich, ʃç̈lᵉver (silber); — bç̈ij (biene) — kén, ʃén (di;
der sinn), schpéne; bë̃ne, drë̃ne, fë́ne (finden), fë́ner — zë́mer — jrë́f,
jrë́fel, drë́f — dë́chte, jëch (gicht), wëch, schlë́ch, krë́chel (heimchen); —

bés, hése (kniebug), j°wèse — mésche, frésch, fésch — schéke, schtréke, wékel, schmëk (peitsche) — wétmäu (witwer).

3. Das zu e gesenkte i wird gedehnt a) zu ê vor n, l und in den bindungen mp, nk, ĺt, ls, lz: pên, zên — mêl'ch — schêmp, wêmpel — blêñk (blind), dêñk, rêñk (ring und rind), ſêñke, schtêñke, drêñke, wêñk, wêñkter — bêlt, wêlt (wild), schêlt — fêls (filz cf. fę̈ᵘls fels) — mêlz — b) zu ę vor l im auslaut: dęl, schpęl — c) zu ę vor r: węrᵉke, zęrᵉkel, kęrᵗch, kęrᵉchêf und kęrᵉᵉferich (kirchhof) — d) zu ę̈ᵛ vor n. s, r und vor geschwundenem t und r: schę̈ᵛn (schienbein), schwę̈ᵛse (schwitzen, eigtl. schweissen) — bę̈ᵛr (birne) — schnę̈ᵛ (schnitte), ę̈ᵛde (irden). — e) e findet sich in ben (bin). — f) i ist ę̈ᵗ geworden vor j: schwę̈ᵗjer, ſę̈ᵗjel — ę̈i in męis (mist).

4. Unregelmässige entwickelung des ĭ. a) ĭ zu halblangem o geworden in wos, wose (wusste). — b) zu ǫ̈ in rǫ̈ne, ſǫ̈ve, tǫ̈sche (zwischen), schǫ̈mel, hǫ̈m (ihm, ihn), dǫ̈sch — dǫ̈ks (oft, mhd. dicke); — c) zu ǫ̈ in hǫ̈ᵉp, mǫ̈nz (minze), ſǫ̈nt (sind). — d) zu ü̆ in rü̆ter, jᵉschü̆cht (geschieht); zu ü vor r und nach schwund von cht vor s: ür (ihr), für (wir) — nü̆s (nichts).

5. Junge i-bildungen, meist onomatopöetischer art: bĭmele (läuten), himphamp (zänkerei), mĭm (katze), jĭfele (laut lachen), fĭfel, fĭfelche (stückchen zeug), fĭz (gerte), bĭdsᵉle (milchzähne), dĭz (kleines ding), kǫ̈ᵛlejĭz (kohlenträger), jĭtsch neben jŭtsch (gerte), krĭdschele (schnitzeln), knĭbele, nĭmele (kleine stückchen abbrechen), schnĭbele (bohnen schneiden), schlĭbere (vorbeigehen), trĭbele, zĭbel (ängstlicher mensch), bĭbele (zittern vor kälte), tĭpe (anrühren), ǫ̈m kĭpe umwerfen = schlagen), schtĭp (stütze), schpĭt (kleinigkeit).

## II. German. langes i.

1. Regelmässig ist langes i in der achener mundart erhalten: lim, schlim, wimel (johannisbeere) — fin, min, din, ſin, schin, win — jᵉlich, lich, rich, schliche, schtriche, wiche, schpichert (feldtaube), linzę̈ᵉche (kennzeichen) — ifer, lif (livet, leibwäsche), pif, rif, schtif, wif, ſif (gosse) — drive, blive, rive und frive (reiben), schtive — bewiſe, is, iſer (eisen, ısarn ahd.), flis, jris, ris, rise, schise, verschlise — klinsch (klein), krische (weinen); halblang ist germ. i in wis (weise) — schtif, schif, bicht (beichte, bihiht), fĭch (feige). Der ölaut tritt ein vor r: frᵉre (feiern), hiᵗrǫ̈ᵗt, liᵛt (leicht).

2. Kürzung des langen i ist eingetreten vor gutturalem n: mĭñ, dĭñ, ſĭñ, hĭñ, pĭñ, jrĭñe, lĭñe — ferner vor j: lĭje, krĭje, schwĭje, schnĭje, rĭje, ſĭj — vor s, t, z, l: wĭs (weiss) — schtrĭt, knĭt (aus krĭda), wĭt, zĭt — jĭz —; ĭlle, jĭlle (gierig verlangen), fĭlle — dann in einer nebenform zu frive — frĭvele.

3. i ist im auslaute zu stark gequetschtem ei diphthongiert: blei, drei, frei. (i ganz palatal).

4. i ist zu ê gesenkt in déch, zu ę̆ in jᵉschę̆t; folgt dem i ein vokal, oder ist w oder h ausgefallen, so entwickelt sich hinter dem ę̆ die spirans j: fę̆jent, frę̆ije, klę̆ije (kliwa, kleie), wę̆ijer, dę̆ije, bę̆ijele (beil), rę̆ije, rę̆ij (riha), ſę̆ij, ſę̆ije (seihen), verzę̆ije, wę̆ije (weihen). Vor ch erscheint ę̈ᵉ mit halblangem e: blę̆ᵉche.

5. Langes i ist vor w zu ộü diphthongiert iu schpộüje (spiwon); zu ü geworden iu rümsel, rüme (reimen), zu ộ iu fột.

## D. Der selbstlaut o.

### 1. German. kurzes o.

1. a) Kurzes offenes ộ ist erhalten in ff. wörtern: ộf (oft, oder und ob), hộf — ộveut (ofen) — ộder, jột, flột — j'lộze, kộze, klộz — blộk, lộk, klộk, rộk, fộk (strumpf) — pộke, schộkel — jrộbiau, ộbs — klộpe, kộp, krộp — rộl, drộlich — mộrsch — jrộsche. — b) Halboffenes ộ haben wir vor ch, v, nd, l'j, r"m, z: dộch, nộch — dộbộve — dộuder — fộl'je — fộr"m — rộz. — c) Ein flüchtiges u tritt nach o ein bei ausfall eines g und l: fộ"wel (vogel), wộ" (wollte), fộ" (sollte). — d) ölaut entwickelt sich bei schwund eines r: kộ"t (kordel), vgl. kộ"t (kalt). — e) Kurzes geschlossenes ô findet sich in schtöpel, mör (o in mör ist halblang).

2. Der umlaut ist entweder ộ oder seltener ộ, ö: hộf, ộveut — kộp, kuộp — rộk, fộk — fộr'ch (sorge) — ộrj'l — drộp (tropfen), bộk.

3. Das kurze o ist gedehnt a) zu ọ vor l und s: họl (hohl), bọl (dumpf tönend), dọl, fọl, zọl — frọs, kọs(t), mọs, pọs (posten), rọs(t), schlọs, — dọl'ch. — b) Der ölaut tritt ein vor u. j, r, l; nach schwund eines r oder ch: wọ"ne, — bọ"je — jọ"r, dọ"r, kọ"r (roggen), bọ"re, j'bọ"re, verlọ"re, j'schọ"re — họ"le — kọ"l, fọ"l (ọ halblang). — wọ"t (wort), bọ"t (bort), ọ"t (ort in der bedeutung stück, absatz), kọ"n (samenkorn), họ"n, pọ"z (pforte) — dọ"ter, ọ"s. — c) Geschlossenes o zeigt for'ch.

4. Der umlaut ist entweder ö: dör'p, kör'f (korb), schtör'ch, pösche (raisonieren), oder halblanges ö: wötche, oder geschlossenes halblanges ö: knösch (knorpel), oder endlich ö" vor erhaltenem oder geschwundenem r: dö"r — ộ"t, hộ"ne, bộ"de (ộ halblang).

5. Diphthongiert ist o vor ch und f zu ọu: knọuch, kọuch, lọuch, drọuch (trog) — họuf (burchọuf), ọufe, họufe, ọufere, — zu ou in den wörtern: wouf, knouf.

6. Der umlaut ist ộü: j'knộüchs oder ộü: knộüf.

7. ü stntt ộ zeigen: hübel, müt (molt, kaffeesatz). fút (fort), ü" das fremdwort nü"te.

## II. German. langes o.

1. o wird gewöhnlich zu ü" (das u ist halblang): flü", du" (thun), frü", lü", rü". fü" — krü"n (corona), lü"n, tü"n, schü"ne — hü"ch, drü"ch (trug) — jrü"s, trü"s(t), lü"s (klug), blü"s, dü"s, rü"s, schü"s — pü"t, dü"t, nü"t, lü"t — kü"l (kohl) — mü"r, ü"r, hü"r, schwü"r (verb.), fü"r (fuhr und futter), brü"r, fü"re (füttern). schnü"r, rộde rü"r (durchfall) — schü"l. — Der ölaut fehlt in: but, wut, schnster (u halblang), uver.

2. Der umlaut ist ü": schtrü", blü" (blöde) — rü"r, fü"re, rü"re, hü"re, schtü"re — bü"s (ü ist halblang) oder seltener ü: wüle, füje, drüse.

3. Langes o ist verkürzt gewöhnlich zu ọ, ộ, ö: bộn, schtộñ, schộñ (schuh) — blộm — bộch, schlộch (schlug), wộcher — họs (husten), jrộs

(gruss), bŏs, jŏs — prŏf — hŏt, jŏt, mŏt. (ŏ vor ch, s, f, t ist halbblang) — schrŏt, mŏder — klŏster, hŏste, ŏstere, dŏch, rŏf (o halbblang).

4. Der umlaut ist ŏ̆, ŏ̆, ŏ: frŏch (fruo ahd. vrüeje mhd.) — jemŏs, mŏse, fŏs, schtŏse, rŏster — brŏlle, fŏlle — rŏp (rübe) — jrŏñ, nŏtere — schŏu — klŏster, dŏcher.

5. Langes o ist diphthongiert zu ŏu im auslaut, vor l, ch: zŏu" (zu), kŏu", rŏu" (ruhe), jŏu (gute) — schtŏul, schpŏul.

6. Der umlaut ist ŏu: brŏuje (braten), jlŏuje (glühen), hŏuje (hüten), mŏuj (müde; stimmansatz zu j), mŏute (mühe), drŏuf (trübe), kŏul (ŏ halbblang in den drei letzten worten).

## E. Der selbstlaut u.

### I. German. kurzes u.

1. Kurzes u ist wie allgemein im niederdeutschen sprachgebiet ŏ geworden, und zwar in der regel ŏ, ŏ, seltener ŏ oder ŏ, o: schtŏm, fŏmer, trŏm — brŏne, nŏn, fŏu, tŏu; schtŏnt, hŏndert, verwŏñere (verwundern). zŏñ, lŏu — schtŏf (stube), kŏfer (kupfer und koffer) (ŏ halbblang) — lŏs(t), nŏs, brŏs(t), schŏs, (ŏ halbblang) — brŏch, j'rŏch — pŏl'ver — drŏk — kŏt — pŏp — schtŏr"m, wŏr"m, bŏr'ch (burg) — ŏ: frŏm — ŏ: schŏzel, wŏzel, mŏschel, trŏz — schŏlt, j'dŏlt, pŏls, dŏns, kŏns(t), ŏns, brŏñk (aufzug), hŏñk (hund), pŏñk (pfund), ŏñe (unten), rŏñk (rund), drŏñk, wŏñk (wund), fŏñk (fund), jrŏñk (grund) — pŏmp, schtŏmp, dŏmp, plŏmp, lŏmp — wŏñsch — schŏtel (o halbblang) — vor sch findet sich bei geschwundenem rt der ŏlaut: wŏ"sch (wurst), dŏ"sch (durst), kŏ"sch (kruste, mit metathesis kurste).

2. Der umlaut ist ŏ: dŏu, kŏu"k, jŏne, kŏne, fŏn"f, fŏnt — ŏm — ŏver — schlŏsel, kŏse (ŏ halbblang), bŏschtel (bürste), bŏsch — prŏjele — wŏr"je, bŏr"je, dŏr"fe (ŏ halbblang); dŏr, fŏr, dŏr'ch, schlŏr"pe — mŏle; dŏl"per (schwelle), fŏle (fohlen und füllen zeitw.) — mŏnster, klŏnel — rŏtsche, mŏtsch (münze) — schŏp; offenes ŏ zeigt allein schprŏz (spritze); geschlossen ist der umlaut vor ch, p, k, ft, rj, st: rŏchele, dŏchtich — hŏpe, krŏpel — schtŏk, j'lŏk, mŏk, brŏk, rŏk (rücken) [ŏ halbblang] — lŏfte — jŏrjele — lŏst"lich.

3. Kurzes u ist zu ŏu diphthongiert vor stimmansatz zu w und vor f: schŏu"er (schulter), dŏu"e (taugen) — schpŏzbŏuf.

4. ŭ ist erhalten in zŭp, schmŭk"le, schŭd"re, — pŭze — schtŭmel, hŭmel — brŭbel (tinne), bŭbel (flasche). Langes u zeigt das wohl dem nhd. entlehnte wort pult.

Der umlaut ist ŭ: lŭch (lüge), bŭt.

5. Hinter dem u tritt der ŏlaut auf vor geschwundenem f, r, ch: lu"t (luft), tu"u (turm), und in dem ndd. schpŏ"k.

Der umlaut ist ŭ": frŭ"t, bŭ"u (halbblanges ü).

### II. German. langes u.

1. Langes u ist in der regel erhalten: schum — brun — us, buse (draussen), brus, fus(t), hus, krus, lus (laus; vgl. lŏ"s gewitzigt), mus

(maus und mauser mhd. muze) — sufe, krufe — bruche, schtuch, schluch, schtruch, schtruch°le — brut (braut), hut, krut, fut°le (täuschen), luder — ful — fur, rusche, tusche — uze. ölaut tritt ein vor r: du⁰re, lu⁰re, tru⁰re.

2. Der umlaut dieses u ist ü: füs, hüſer — schträch; halblang ist ü vor s in den pluralen müs, lüs.

3. Langes u ist gekürzt vor m, v, l, p, stimmansatz zu w, st: dům, prům, ſúme, tům°le; in den pluralen schrúve, dúve, drúve; múl, kúl (loch); — rúp, rúpe (rauben); — ſú⁰e, lú⁰e; — lúst°re.

4. Der umlaut ist ü̆: prümche, mülche, külche, rüme (räumen, vorwärts kommen mit der arbeit; vgl. rúme, reimen).

5. Langes u ist gekürzt und wie kurzes ú zu ǫ geworden in ǫp (auf).

6. Der umlaut ist ǫ̈: mǫ̈l°ter (mŭlinári, nach Schade mŭlinari).

7. Langes u ist diphthongiert zu ǫü vor w: trǫü⁰e, bǫü⁰e; zu ǫu rǫu⁰ (raub; vgl. rǫü⁰ ruhe), kǫuu.

8. Der umlaut ist ǫ̈ü: schwǫ̈ül.

## F. Die doppellaute (diphthonge).

### I. German. ai.

1. Der doppellaut ist erhalten im anslaut als çi: uçi (birkenzweig), çi (ei); — ǫ̈ï: lǫ̈ï, mǫ̈ï (plur.); im inlaut als çi, ei, ǫ̈ï: çiter. zçije, çije, kçiſer, hçiſer, hçile, ſçiver, arbçide — mǫ̈ïs, rǫ̈ïs, hǫ̈ït (der heide), fǫ̈ïl — bǫ̈ïds.

Die kürzung ist eingetreten nach ausfall eines t-lautes unter gleichzeitiger bildung der spirans j in den wörtern: hǫ̈ïj (die heide), schǫ̈ïj (scheide), wǫ̈ïj (weide) — çïjem (eidam), lǫ̈ïje (leiten), lǫ̈ïjer (leiter).

2. In der regel ist der diphthong zu çⁿ zusammengezogen: ſçⁿm, hçⁿm — bçⁿn, schtçⁿn, çⁿn, allelç°(n) (einerlei) — çⁿch, wçⁿch, dçⁿch (teig), çⁿchhǫ̈⁰uche (eichhörnchen) zçⁿche; — jçⁿs (geiss und geist), hçⁿs, mçⁿsel, schwçⁿs — flçⁿsch, hçⁿsche (heissen), mçⁿster — rçⁿf, ſçⁿf — brçⁿt, klçⁿt, çⁿt (eid), lçⁿt — ſçⁿl, dçⁿl.

3. Der doppellaut ist zu ç̆ gekürzt in ç̆mer, ç̆l°f; — zu ç̆ in jç̆ne (keiner), ç̆us (einmal), hç̆l°ch; — gewöhnlich zu ë vor gutturalem ñ: jéméñ, kléü, réü, schtéñ (steine), béñ (beine), méñe.

4. In dem ma. schlǫ̈üer liegt sloier, slogier, nicht sleier zu grunde.

### II. German. au (ou), a + w.

1. Der doppellaut ist in der regel zu oⁿ (mit schwachem anklang des u) zusammengezogen: boⁿm, ſoⁿm, droⁿm — roⁿch, oⁿch — loⁿf (laub), loⁿfe (laufen) — höⁿwe (houwon, schlagen).

2. Der umlaut ist ǫ̈ü: rǫ̈üche, hǫ̈üfe, j°lǫ̈üve, dǫ̈üf (taub), lǫ̈üch°ne — ǫ̈ü: hǫ̈üt (haupt) — ǫ̈ü: bǫ̈ümche.

3. Der doppellaut ist erhalten im auslaut, und wo ursprünglich a + w stand: mäü (ärmel), jáü⁰ (gauwe), fräü⁰, käü⁰ (cavea, käfig), kräü⁰e, kläü⁰e [zauver ist aus der schriftsprache entlehnt]. — Der diphthong lautet ǫu in den wörtern: flǫu⁰, j°nǫu⁰.

4. Der umlaut ist ǫ̈ǖ: hǫ̈ǖ (heu), schtrǫ̈ǖ, (schtrǫ̈üzel, papierschnitzel, blätter mit blumen), — frǫ̈nche, mǫ̈nche, rǫ̈nber (der doppellaut ist halblang).

5. Der doppellaut ist gekürzt zu ǫ̈ in blǫ̈ (blau), zu ö in öch (auge). Der umlaut ist ǫ̈ in frǫ̈le (fräulein).

## III. German. iu (io, ie).

1. Der doppellaut ist als ǫ̈ü erhalten in verjǫ̈üde; verkürzt ist er im anslaut: trǫ̈ü, rǫ̈ü, nǫ̈ü, brǫ̈ü (brühe).

2. Der doppellaut ist zu ǫ̈. ǫ̈ zusammengezogen in bǫ̈je — nǫ̈rjends. Gekürzt ist dies ǫ̈ vor m und j: nǫ̈me, ǫ̈mer — kǫ̈je, schǫ̈je, klǫ̈jel (knäuel). — föch(t), — fröut (freund).

. 3. Die übergangsstufe zum ö ist ü, welches vor j, ch, l, s, tsch, z erhalten ist: lüj (leute), flüje, bedüje (bedeuten), brüje (stossen), lüje, züje, bedrüje — üch — bül, ül, fül, kül, hüle, früfe (frieren), verlüfe, verdrüfe — dütsch — krüz, schnüz, schnüze (naschen). — Langes u erscheint vor ch, v: füchᵉle, hüchᵉle, rüche — düvel. — Der ölaut tritt ein für geschwundenes f, ch und vor r: füᵃte (seufzen) — lüᵃte (leuchten) — füᵃr, schüᵃr, schtüᵃr, düᵃr.

4. Die spaltung des alten iu zu ie erscheint in der achener mundart als 1. i, iᵃ; 2. ǫi, ǫ̈i; 3. ě, ǫ̈, ǫ̈. Iu ist 1. = i in den wörtern fiber, schibe, schtif. — iᵃ vor r: biᵃr, niᵃr (niere), schtiᵃr, fiᵃr (got. fidwā; aber ahd. schon fior). — 2. = ǫi, ǫ̈i: hǫi (hier), fǫi — dǫ̈if, brǫ̈if. — 3. = e. ě, ǫ: schěse, jěse, něse, schlěse, jrěs, flěch — schpǫ̈jel, bǫ̈je, dǫ̈ñe — lǫt (lioht, liod).

5. Vereinzelt stehen mit ü: schprüse, tüsche, krüfe (kriechen) und mit ǫ̈ü vor w brǫ̈üwe (briuwan).

### Resultate.

Betrachten wir jetzt umgekehrt, welchen germanischen bezügl. neuhochdeutschen (abgekürzt nhd.) vokalen die der mundart (ma.) entsprechen, so ergiebt sich folgendes:

I. Ma. ä, a = germ. ā, nhd. ä, a. Nur in bäschte (bersten), häz (herz), schtäz (sterz), flarmus (fledermaus) steht ma. ä bez. a für germ. e.

II. a) ma. ǫ, ǫ steht:
    1. für germ. ě, nhd. ě und e;
    2. als umlaut des kurzen germ. á, nhd. ë;
    3. als senkung des germ. ǐ, nhd. ǐ;
    4. als brechung von germ. iu vor n, t, j, = nhd. ie.

  b) ma. ě steht:
    1. in wenigen wörtern für germ. ě;
    2. häufig für gesenktes ǐ, nhd. ǐ;
    3. selten für germ. ai, nhd. ei vor gutturalem ñ;
    4. als brechung von iu vor s, ch; nhd. ie.
    Anm. Ma. ě steht nicht für umgelautetes ä.

  c) ma. ǫ̈, ǫ̈ vertritt:
    1. germ. ǫ̈ vor n, j, s, v, r, l, sch und bei ausfall eines r; nhd. steht e;

2. germ. ę in hę̆ͤr (herr);

3. gesenktes ï vor n, s, r und bei schwund eines t oder r.

d) ma. ę, ę steht als dehnung:

1. von germ. ḝ, nhd. e;

2. von umgelautetem germ. ä; nhd. ae;

3. von gesenktem i vor r, nhd. í.

e) ma. e entspricht gesenktem ï vor r, n und den bindungen mp, nk, lt, ls, lz.

f) ma. ę̄ steht:

1. als dehnung von germ. ḝ, wenn ch vor t oder r vor n, t, d, l ausgefallen ist; nhd. steht e;

2. für umgelautetes germ. ä vor l, s und bei schwund eines r;

g) ma. eͤ entspricht germ. ai, nhd. ei.

III. a) ma. i steht:

1. in wenigen wörtern für germ. ï, nhd. i;

2. häufiger in malenden neubildungen = nhd. ï;

3. in einigen wörtern als kürzung von langem germ. i; nhd. steht ei, seltener ie.

b) ma. ïͤ tritt ein:

1. als dehnung von germ. i vor r, l und nach ausfall eines ch;

2. für langes e;

3. als umlaut von germ. langem a, nhd. ae;

4. für langes i vor r.

c) ma. i steht für germ. i, nhd. ei.

IV. a) ma. ǫ̈, ǫ̈ tritt ein:

1. für germ. ǫ̈, nhd. o;

2. selten für germ. ǫ, nhd. u, o;

3. für germ. ü, nhd. u;

4. in einigen wörtern für germ. nhd. ä (fǫ̈ñ, bǫ̈ñ, schprǫ̈ñ, fǫ̈ñ, schwǫ̈m; pǫ̈sche, mǫ̈lbet).

b) ma. ö steht:

1. zweimal für germ. ǫ̈;

2. für germ., nhd. ü vor z und sch.

c) ma. ǫ̈ͤ entspricht:

1. germ. ǫ̈ bei schwund eines r;

2. am häufigsten germ. langem a, nhd. a.

d) ma. ǫ, ǫ ist:

1. dehnung von kurzem ǫ̈;

2. dehnung von kurzem ü.

e) ma. ō steht für gedehntes ü vor den consonantenverbindungen mp. nk, nsch.

f) ma. ǭ ist gleich:

1. germ. ǫ̈ vor n, j, r, l und nach schwund eines r oder ch; nhd. entspricht o;

2. germ., nhd. ü vor sch, welches an die stelle von rst getreten ist.

g) ma. ǫ̆, ŏ̧ steht:

  1. als umlaut von germ. ǫ̧ und gekürztem germ. ǫ;

  2. als umlaut von germ. ú, nhd. ü;

  3. für germ. iu, nhd. ie, äu, eu;

  4. für germ. ĭ in folgenden 8 wörtern: hǫ̆m, rǫ̆ne, fǫ̆ve, schǫ̆mel, dǫ̆sch, tǫ̆sche, dǫ̆ks, hǫ̆mel;

  5. für germ. i in dem worte fǫ̧t (seid).

h) ma. ö̆ erscheint:

  1. als umlaut von germ. ǫ vor p und k;

  2. als umlaut von germ. ú vor ch, p, k, ft, rj, st.

i) ma. ǫ̧, ö̧ ist:

  1. umlaut von gedehntem germ. ǫ̧;

  2. = germ. ĭ in den wörtern hö̧l'p, mö̧nz, fö̧ut.

k) ma. ǫ̆ᵃ ist:

  1. umlaut von ǫ̧ vor r;

  2. = germ. iu vor ch und nt.

V. a) ma. ú steht:

  1. selten für germ., nhd. ú;

  2. häufiger als kürzung eines langen u;

  3. für germ. ö in den wörtern: húbel, mút, fút (fort).

b) ma. úᵃ entspricht:

  1. germ. langem o, nhd. o oder u;

  2. germ. langem a im praet. der verba der vierten ablautsreihe, deren stamm endigt auf n, ch, l;

  3. germ. iu vor r und bei schwund eines f und ch.

c) ma. u ist:

  1. = germ. u, nhd. au;

  2. = germ. iu in den wörtern: schpruse, tusche, krufe.

d) ma. uᵃ steht:

  1. für germ. u vor r;

  2. als dehnung von germ. ú bei ausfall eines f, r, ch.

e) ma. ü̆ ist:

  1. umlaut von germ. ú, nhd. ü;

  2. umlaut von gekürztem u, nhd. äu;

  3. = iu vor j, ch, l, s, z.

f) ma. ü̆ᵃ ist = iu vor r.

g) ma. ü ist umlaut von germ. u, nhd. äu.

h) ma. üᵃ steht:

  1. als umlaut von ü bei schwund eines ch vor t;

  2. für germ. iu, nhd. eu bei ausfall eines ch;

  3. für germ. a im conj. praet. der verba der I. conjugation.

## Bemerkungen über den umlaut.

Ein i oder j in unbetonter silbe hat bekanntlich eine partielle assimilation des vokals der vorhergehenden betonten silbe hervorgerufen, die man i-umlaut oder gewöhnlich schlechthin umlaut nennt. Das j ist jetzt

geschwunden. das i meist zu e gesenkt. Beim umlaut ist aber die analogie-
bildung nicht zu übersehen. Diese macht sich in der ma. ebenso bemerkbar
wie im nhd.; namentlich tritt der umlaut auch da ein, wo in nebentoniger
silbe ein ursprünglicher voller vokal zu i abgeschwächt ist. Durch umlaut
wird nun in der achener mundart:

ä zu ĕ, ĕ̆; ę, ę; vor s + consonant zu ęi;
ö zu ǫ̈, ǫ̈; ǫ̈, ǫ̈, ǫ̈ⁿ; vor ch und f zu ǫ̈ü;
ú zu ü̆, ü;
a zu ı̈ᵘ, seltener ǫ̈ⁿ;
o zu ü̈ⁿ;
u zu ü. ü̆.

z. b. kraft — krĕfte (ahd. chrafti, nhd. kräfte); jas (gast) — jęis (got.
gasteis, ahd. gasti, nhd. gäste); nǫ̈s — nǫ̈s (nüsse); schǫ̈ᵘf (schaf) —
schı̈ᵘfer (schäfer); brü̈ᵘr — brü̈ᵘr (brüder); fus — füs (fäuste).

Im allgemeinen nun stimt die mundart in den wörtern, welche den
umlaut erfahren, mit dem nhd. überein. Dagegen giebt es auch wörter,
1. welche in der mundart des umlautes entbehren; 2. welche abweichend
vom nhd. den umlaut zeigen.

1. Der umlaut erscheint in der mundart nicht in folgenden wörtern:
träp. bäk, tar, schtrañk (strenge), fas (fest) — trǫ̈ⁿe (trahan, trân, eigentl.
plur. thräne). krǫ̈ (chrâja, chrâwa, krähe), schwǫ̈ʳr (swâri, schwer), mör
(moraha, möhre) — schmache (schmecken), schame (scamên) — fü̈ᵘre (füttern),
fúme (sämmen), lü̈ᵘe (läuten); endlich in den pluralen: nate (nächte), blar
(blätter), rar (räder), hane (hähne), schwane (schwäne), schpäse (spässe),
hámere (hämmer), fäd'le (sättel), päñere (pfänder), jadens (gärten), ladens
(läden), vädere (var), mödere (mur) [väter, mütter]; mänder (männer),
pladsche (plätze) — in den comperativen: huⁿch — luⁿcher; ǫ̈ᵗ — äü̈wer.

2. Den umlaut zeigen abweichend vom nhd. folgende wörter: ével
(afar, aber), flĕsch (flasche), ĕls (als), meu'ch (manag, mancher), zęnke
(zanken), wǫ̈ᵘch (die wagen), nǫlt (nâlda, nadel), fǫ̈k (socken), dröp (tropfo,
tropfen), pǫ̈üs (die posten), schtrü̈ (strô, sträwes), schtǫ̈se (got. stantan,
stossen), ǫ̈m (umbi, um), röster (der rost; durch die endung er ist hier der
umlaut bewirkt), frü̈ᵗ (die frucht; der umlaut ist aus dem plur. in den
sing. gedrungen), hǫ̈ü̈t (houbit, haupt), bǫ̈sch (mlat. boscus, ahd. buse, nhd.
busch), Drü̈t (Gertrud), j'lǫ̈üwe (got. galaubjan, glauben); fǫ̈ⁿ'le (samanôn,
sammeln), rǫ̈ü̈ich (ruhig), rĕiste (rasten), tęisch (tasche, ahd. tasca), ęisch
(asca, zigarrenasche; kohlenasche heisst: fǫ̈medrĕk). Besonders häufig aber
tritt der umlaut ein vor r + m. + f. + k, + 'ch, + p: hĕrᵉm (harm), schwĕrᵉm
(schwarm), dĕrᵉm (darm), ĕrᵉm (der arm und adj. arm), wĕrᵉm (warm) —
fĕrᵉf (farbe), kǫ̈rᵉf (korb) — mĕrᵉk (marke), ĕrᵉk (arche), schtĕrᵉk (stark),
fĕrᵉk (sarg) — ĕr'ch (arg), fǫ̈r'ch (sorge), schtǫ̈r'ch (storch), dǫ̈r'ch (durch),
jörj'le (gurgeln) — dǫ̈rᵉp (dorf).

### Bemerkungen über den svarabhakti-vokal.

1. Eine auffallende erscheinung in der achener mundart ist das auf-
treten des ölantes. In dem ö steckt bald ein ganz offenes, bald ein

geschlossenes flüchtiges ö, vor ch nähert sich der laut dem o, zwischen consonanten ist er ein offenes kurzes e. Auf welchen lautlichen vorgang dieser svarabhakti-vokal beruht, lässt sich nicht mit bestimtheit sagen. Der achener mundart ist das bestreben nicht abzusprechen, die vokale zu dehnen, zu ziehen. Dies sehen wir an der häufigen diphthongierung von einfachen lauten vor s, f, ch, l, m, w, sch, z. b.: kẹisel, lẹis, rẹiste, jẹis — bẹisem, çise, çisich, nẹis, verjẹise — mẹis (mist) — kọnf, họuf (halb, hof), ọufe, họufe, ọufere, wọuf, knọuf — blẹich, pẹich, brẹiche, schtẹiche, wẹich — knọuch, kọuch, lọuch, drọuch — schtọül — dọ̈ü̆we, trọ̈ü̆we — kọum (komm) — tẹisch, çisch, wẹisch, jẹisch. Gleichsam in der mitte zwischen kurzem vokal und diphthong stehen die vokale mit dem ölaut. Dieser laut erscheint nun nach den vokalen mit ·ausnahme des a; ferner sind die vokale fast sämtlich kurz oder halblang und meist halboffen. Wahrscheinlich ist der ölaut zuerst vor stimhaften consonanten und bei ausfall eines oder mehrerer consonanten eingetreten; dann durch analogie-wirkung auch vor andern consonanten. Auffallend wenigstens ist es, dass bei langem i und u, welches sonst in der mundart rein erscheint, vor r der ölaut sich findet. Auf diesen ölaut geht auch das singende der hiesigen mundart zurück, welches sich zwar in allen rheinischen mundarten mehr oder minder findet, nirgends aber in so ausgeprägter weise wie in Achen. So werden z. b. in der deutschen singmesse fast auf jede silbe mehrere töne gesungen. Die sprache sucht gleichsam einen übergang zum folgenden ton. In einer reihe von fällen, wo die achener mundart ölaut zeigt, weisen andere dialekte schwebenden accent auf. Im folgenden gebe ich nun ein ziemlich vollständiges verzeichnis der wörter mit ölaut:

1. Der svarabhakti-vokal tritt ein bei schwund eines consonanten: schä̊ (einziges beispiel nach a; vgl. bat, at, nat, kat, ade), wẹ̊ (wer), schnï̊ (got. snaiws, schnee), schnẹ̊ (snita, schnitte), fï̊ (got. saiws, see), wï̊ (ahd. wewa, weh), schlï̊ (got. *slaiho), kli̊ (st. klaiw, klee), schpï̊ (ahd. spâti, spät), schtọ̊ (ahd. stân), j'dọ̊ (gethan), jọ̊ (ahd. gân, gehen), nọ̊ (got. nêhws, nahe), krọ̈̊ (ahd. chrâwa, krähe), flọ̊ (ahd. floh), schprọ̈̊ (sprehe, staar) — kẹ̊l (kerl), fẹ̊dich (fertig), çz (ahd. arwis, erbse), kẹ̊z (kerze), beschwï̊de (beschwerde), ẹ̊nsch (ernst), hẹ̊t (herde), hẹ̊t (herd), wẹ̊t (wert), wẹ̊de (werden), pẹ̊l (perle), mẹ̊l (merle), jẹ̊sch (gerste), pẹ̊sch (pfirsich). ki̊sch (cerasus, kirsche), çde (irden), kọ̊t (kordel), wọ̊t (wort), bọ̊t (bord), kọ̊n (korn), họ̊n (horn), wọ̊sch (wurst), tůn (turm), hü̊ (hürde), schmọ̈̊t (smart, schmerz), pọ̊z (pforte), — ọ̊r (ader), ọ̊m (atem), fẹ̊r (feder), wẹ̊r (wetter), fü̊r (futter), brü̊r (bruder), mü̊r (mutter), schpi̊ne (spâjan), fï̊ne (säen), drï̊ne (drehen), nï̊ne (nähen), mï̊ne (mähen), bï̊ne (bähen), trẹ̊ne (treten), bẹ̊ne (beten), lẹ̊r (leder), bọ̊ne (dielen, bodenen) — wẹ̊sel (wechsel), knẹ̊t (knecht), rẹ̊t (recht), flï̊te (flechten), lï̊t (leicht), frü̊t (frucht), dọ̊ter (tochter), çs (ochse), rẹ̊ne (regnen), fẹ̊ne (segnen) — ọ̊t (alt) — lůt (luft) — bọ̈̊ke (bölken, schreien).

2. Der ölaut erscheint, ohne dass ein consonant ausgefallen ist, zunächst vor stimhaften consonanten: 1.) nach dem vokal e: nẹ̊m (nâmi, nähme) — klẹ̊ve (kleben), lẹ̊ve (leben), lẹ̊ver (leber), wẹ̊ve (weben) — lẹ̊fe (lesen).

ė̈ſel (esel), fė̈ʒe (fetzen) — schtė̈ʳr (stern), jė̈ʳr (gern), bė̈ʳr (birne), hė̈ʳr (herr) — jė̈ʳl (gelb), schė̈ʳl (schielend). fė̈ʳle (fehlen), ė̈ʳle (elle), fė̈ʳlsjas;

2.) nach dem vokal i: krī̈ʳm (kram) — zī̈ʳn (zehe), kwī̈ʒel (betschwester) — schī̈ʳr (schere), kī̈ʳr (kehre), schmī̈ʳr (schmiere) — hī̈ʳl (querstange im ofen), jemī̈ʳlde (gemälde) — jenī̈ʳdich (gnädig);

3.) nach dem vokal o: krọ̈ʳm (krambude), nọ̈ʳm (nahm), kọ̈ʳm (kam), fọ̈ʳm (same), schrọ̈ʳm (strich) — kaplọ̈ʳn (kaplan), trọ̈ʳn (thran), brọ̈ʳn (wade), ọ̈ʳne (ohne), wọ̈ʳne (wohnen) — jọ̈ʳve (gaben) — wọ̈ʳje (wägen), lọ̈ʳje (lagen), fọ̈ʳje (sahen), frọ̈ʳje (fragen), schwọ̈ʳjer (schwager), bọ̈ʳje (bogen) — rọ̈ʳʒe (rasen, zanken), blọ̈ʳʒe (blasen) — wọ̈ʳr (wahr und war), jọ̈ʳr (jahr), dọ̈ʳr (dorn), kọ̈ʳr (korn), bọ̈ʳre (bohren), verlọ̈ʳre (verloren), jeschọ̈ʳre — pọ̈ʳl (pfahl), họ̈ʳle (holen) — brọ̈ʳde (braten);

4.) nach dem vokal u: nṻʳme (nahmen) — krṻʳn (krone), lṻʳn (lohn) — schtṻʳle (stahlen), schṻʳl (schule) — mṻʳr (mauer), rṻʳr (ruhr). karefṻʳr (karrenfurt = spur).

3. Der ölaut tritt ein vor stimlosen consonanten in folgenden wörtern: lī̈ʳch (läge), lī̈ʳf (löwe = lī̈ʳf), bī̈ʳs (bestia), mī̈ʳsich (mässig), rī̈ʳtsel (rätsel) — wọ̈ʳch (wage). fọ̈ʳch (sah), lọ̈ʳch (lag), plọ̈ʳch (plage), schprọ̈ʳch (sprache), jọ̈ʳf (gab), rọ̈ʳf (rabe), schtrọ̈ʳf (strafe), schọ̈ʳf (schaf), jrọ̈ʳf (graf), lọ̈ʳs (los), fọ̈ʳse (sassen), ọ̈ʳse (assen), schtrọ̈ʳs (strasse), blọ̈ʳs (blase) — kọ̈ʳt (finne) — schprṻʳche (sprachen), brṻʳche (brachen), schtṻʳche (stachen), hṻʳch (hoch), drṻʳch (trug), trṻʳf (traf), dṻʳs (dose), jrṻʳs (gross), klṻʳt (tölpel), nṻʳte (noten), lṻʳp (oelkanne).

4. Der svarabhakti-vokal tritt ein, wo im germ. ein diphthong stand. Für germ. ai steht in der ma. ę̇; das übergeschriebene e ist offen: fę̇m, hę̇m, bę̇n, schtę̇n, ę̇n etc. Für germ. iu ist eingetreten ṻ: schṻʳr (scheuer), dṻʳr (teuer), hṻʳr (heuer, miete), oder ī̈: bī̈ʳr, fī̈ʳr, schtī̈ʳr. Der ölaut erscheint für iu also nur vor r.

5. Um einen übergang von der einen artikulationsstellung zu einer andern zu gewinnen, schiebt die mundart auch zwischen gewissen consonantenverbindungen einen hülfsvokal ein. Dieser ist vor ch und j ein ï, vor den übrigen consonanten ein kurzes offenes ę̇, vor p nähert er sich dem ölaut. Er erscheint zwischen l + ch, + m, + k, + f, + v, + p; r + ch, + j, + l, + f, + k, + m, + v, + p: j + l: n + k, + f.

## Cap. 2.

### Die mitlaute.

### A. Die mitlaute des zahngebietes.

#### I. Die explosiven.

##### 1. German. d.

a) German. d im anlaute ist erhalten: dǫᵘter (tochter), dach (tag), däne (adj. tannen), dans (tanz), damp, dǫᵉ̈p (tief), dę̈ᵉl (teil), dǫu (tau, ȼjiptischen dǫu = reseda), dǫ̈üf (taub), dǫ̈sch (tisch), dǫ̈r (thüre), dǫl (toll), duᵘ̈ (thun), dǫ̈pe (topf), drǫ̈p (tropfen), dǫ̈m (dumm), dǫlᵉper (thürschwelle), düvel (teufel), dúf (taube), düᵘ̈r (teuer), dǫ̈ᵘt (that), düᵘ̈t (tot), dǫ̈chde (tüchtigkeit), bᵉdü̈ʃelt (beduselt), droⁿm (traum), duke (ahd. tuchen, sich drücken, bücken), duᵘ̈re (dauern), doᵘf (taufe), dö̈ⁿwe (taugen), döch (tuch), dreñke, drive (treiben), drę̈f (trieb), draje (tragen), drüch (trocken), drę̈sch (brachliegendes land), bᵉdrüje (betrügen), dę̈ftich (tüchtig), dǫ̈üje (drücken), dę̈ᵉch (teig), dal (thal), dïᵘ̈r.

Anmerkung. Anlautendes german. d ist nur verschoben in truᵘ̈re (trauern, ahd. truren, viell. von got. driusan) und tŭmele (taumeln, ahd. tûmalôn).

b) German. d im inlaute ist erhalten:

aa) In der endung des praeteritums der schwachen verba: měñᵉde (sie meinten), kiᵘ̈rᵉde, lę̈ᵘvᵉde (lebten), bruchᵉde, lachᵉde (lachten), zäüʷᵉde (beeilten sich), padschᵉde (liefen herum), blivᵉde (blieben) etc.

bb) Ferner in den wörtern: arbę̈ide (arbeiten), mę̈del, bę̈dᵉle, bę̈de (bitten). In diesen wörtern mit ausnahme von arbę̈ide, wo im angls. eine nebenform mit th erscheint, und der lange diphthong das d geschützt haben kann, stand ursprünglich neben d noch ein j. Ausserdem ist d erhalten nach erhaltenem oder geschwundenem l oder r und vor s: hǫ̈nderde (hunderte), jade (garten), fę̈ᵘdich (fertig), kade (karde), ĕldᵉᵉre (eltern), ję̈lde (gelten, kaufen); düdsch (deutsch), mę̈dse (mitten). Endlich erscheint d im inlaut in dem plur. krüder (kräuter) und nach langem vokal in brǫ̈ᵘde (der braten, dagegen brǫ̈ne verb.) und in fäder und möder, neben denen aber far und muᵘ̈r gelten; fäder und möder sind wohl im anschluss an das hochdeutsche entstanden.

cc) Intervokalisches german. d ist in der regel geschwunden: fúᵘ̈r (futter), blar (blätter), rar (räder), ǫ̈ᵘm (athem), wę̈ᵘr (wetter), kę̈ïl (kittel); bę̈ᵘne (beten), brǫ̈ᵘne (braten), brǫ̈ᵘn (wade), trę̈ᵘne (treten), bǫ̈ne (dielen, aus bodenen). Als ersatz entwickelt sich vor vokalen ein j: lę̈ïje (leiten), lę̈ïjer (leiter), bę̈ïje (bieten), brę̈ïjer (breiter), wïjer (weiter), hǫ̈je (hüten), zökerhǫ̈jer (zuckerhüte), rïje (reiten), afschtrïje (abstreiten), bᵉdüje (bedeuten), brüje (stossen). Auslautendes u wird bilabial: lüʷe (läuten), äüʷe (alter), häüʷe (halten), wöüʷe (wollten), ʃöüʷe (sollten), fäüʷe (falten).

dd) In jᵉjïtïsch (gitter) ist vielleicht d verschoben, falls nicht eine wurzel gat zu grunde liegt.

ee) Unorganisch erscheint im inlaut ein d in den pluralen hǫnder (hühner), äfde (affen) und in dǫnderwǫ̆ᵘr (donnerwetter); ferner bei der comparativ- und superlativbildung: iᵘder (eher), iᵘdste (ehesten), siehe diese.

2. German. d im inlaut verschoben in bate (helfen), mę̆te (in kǫte mę̆te mache), wę̆te (wetten, in dem ausdrucke: wę̆te schtę̆le).

3. German. d ist im auslaute:

a) zu t geworden:

aa) In der 3 pers. sing. praet. ſat (sagte), dat (dachte), huᵘt (hörte), wǫ̆ᵘt (wurde), nomt (nannte, zu nǫ̆ʰme), kuᵘnt (konnte); ferner in der 3. pers. plur. praes.: hant (sie haben), schtǫnt (stehen), jǫnt (gehen), ſǫnt (sind), dǫnt (thuen); endlich im partic. praes.: fę̆ïjent (feind).

bb) In den wörtern arbę̆ït, blǫ̆t, jǫ̆t (gut), mǫ̆t, hǫ̆t, luᵘt (luft), brut (braut), wiᵘt (wicht), rǫ̆ᵘt (rat), nǫ̆t (naht), wǫ̆ᵘt (wort), — schelt, bent (wiese), jᵉdölt, schölt, jᵉsöñkt, — jᵉlät, ſät, böt (stumpf), bę̆t, schrę̆t, wę̆tman, schtrït, zït, schnę̆t (schnitt m.) hę̆ᵉmet (heimat), wǫ̆ret (wahrheit), schlę̆t (f. der schlitten), nǫ̆lt (nadel), ǫ̆vent (abend), drę̆ïds (thridja).

Anmerkung. Durch angleichung an ǫ̆vent (abend) hat auch ǫ̆vent (ofen) t entwickelt.

b) geschwunden, sobald dem german. d ursprünglich noch ein vokal folgte: schpį̆ᵘ (ahd. spâti, spät), ſįj (ahd. sita, seite), lį̆j (ahd. liuti, leute), bǫ̆ᵘ und plur. bǫ̆ᵘ (ahd. boto, boten), blǫ̆ᵘ (blüte), knǫ̆ᵘ (knoten), brę̆ï (breit, fem. u. plur. ahd. breitin), jᵉbǫ̆ᵘ (geboten, ahd. gibotan), rǫ̆ᵘʷ (ahd. ruota, rute), hį̆j (ahd. hiutu), jǫ̆ᵘʷ (gut, fem. und plur.), nǫ̆ᵘ (nähte, nâti), ferner nach ausfall eines l in ſǫ̆ᵘʷ (sollte), wǫ̆ᵘʷ (wollte), häü (halte und er hatte, habeta). Die gutturale spirans ist eingetreten in dǫ̆ᵘch (that, ahd. têta). In rü̆ᵘ ist die flektierte form an die stelle der unflektierten getreten. Endlich ist d geschwunden in näks (nackt) und dem häufig vorkommenden wörtchen en (asächs. endi) und in der 3. p. praes. nach s: hę̆ᵘ ę̆s (isst).

c) Eine eigentümliche entwicklung zeigen die endungen nd, nt, die aus altem nd, nt, nth entstanden sind und hier im zusammenhange besprochen werden. Das n ist zunächst vor dem d guttural geworden, aus dem gutturalen n hat sich die gutturale explosive k entwickelt; dann ist das schluss-d gefallen. Folgte dem d noch ein vokal, so fiel wieder das k. Den vorgang veranschaulichen die wörter: weñkter (winter), mañktel (mantel), schpleñkter (splitter), boñkter (bunter), ę̆ñkt (ende) in der verbindung anę̆tę̆ñkt fándę̆wę̆ich, kañkt (die kante und er kannte), meñkt (meinte), brañkt (brante), jᵉʃoñkt (gesund), in denen das schluss-d als t sich erhalten hat. Nach schwund des t erhalten wir dann die formen: bañk (band), brañk (stoff zum brennen und das brennen), bleñk (blind), boñk (bunt und das bund, bündel), jroñk (grund), hañk (hand), hoñk (hund), keñk (kind), moñk (mund), pañk (pfand), poñk (pfund und = pontem in dem eigennamen einer strasse), rañk (rand), reñk (rind), roñk (rund), ſañk (sand), vᵉrschtañk (verstand), woñk (wund), wañk (wand), zañk (ahd. zand, zahn), schtañk (stehe), jañk (gehe), weñk (wind) — bę̆ñe (binden), fę̆ñe (finden), pǫ̆ñel (bündel), pǫ̆ñᵉle (schleppen), añer (ander), bę̆ñel (bendel), oñe (unten), vᵉrwŏñᵉre (verwundern), vᵉrschĕñᵉliᵘre (eig. verschanden, entstellen), wĕñe (wehen, eig. winden), und die pluralen: bĕñ (bänder), hĕñ (hände), hǫ̈ñ (hunde) etc.

Anmerkung. Die consonantenverbindung nt ist erhalten in folgenden wörtern: ẹnt (ahd. anut, ente), mǫnt (ahd. mônôd, monat, dann auch mond), ſǫ̈nt (viell. got. *sunidi), in welchem ursprünglich zwischen n und d ein vokal stand, ferner in schänt, das entweder als nhd. lehnwort, oder, weil n aus m entstanden ist, nt gewahrt hat, weiter in den ursprünglichen partc.: frǫnt (freund), fĕịjent (feind); dann in den zahlwörtern duſent und hondert sowie in kandel (dachrinne — canalis), dǫnderwĕ̈ᵘr (donnerwetter), mänder (männer), hǫnder (hühner), mẹndᵉre (vermindern), in denen d euphonisches einschiebsel ist. Die übrigen wörter mit nt resp. nd sind der entlehnung aus dem nhd. oder ndd. verdächtig: schtǫnt (stunde, dafür ma. uᵘr), monter (munter), hándᵉle, amandel (mandel, aus ital. mandola), krent (korinthe), lẹnt (linde), wǫnde (wunden), fẹnt (fant), klander (glanz auf leinwand, = mhd. glander, glanz), klǫnter (kleiner klumpen im brei), bẹnt (wiese). Endlich in den verbalformen: kuᵘnt, jǫnt, ſǫnt, dǫnt, hant etc.

Anmerkung: nd ist geschwunden in häfel (handvoll), möfel (mundvoll).

## 2. German. t.

1. Im anlaut ist german. t nur erhalten:

a) in der bindung tr: trŏŭʷe (trauen), trŏ̈ᵘne (treten), trĕke (ziehen), trǫ̈ŭ (treu), truᵘs (trost), trǫ̈ᵘne (thränen), triᵘter (trichter), träp (treppe), trǫuch (trog).

b) in den aus dem romanischen entlehnten wörtern: tafel, tẹisch (tasche), täs (tasse), taste, tẹler (teller), tĕpich, trüᵘn, tuᵘn (thurm), bᵉtŭpe (betrügen).

c) in den wohl aus dem ndd. aufgenommenen wörtern: tᵘᵈf (hündin), tĕᵘr, tǫn, tǫ̈ᵘt (wasserkanne).

d) in den wörtern: tüᵘne (tauen, der tau heisst dǫu), tavᵉle (sich abarbeiten), tŭpe, tĭpe (vgl. engl. to tip, anstossen mit eiern), tǫsche (zwischen), tüte (auf dem horn blasen), täk (zweig); tĕlᵉwĕle (hadern), tĭtsche (aufstossen von klinkern), tǫtᵉle (verzärtelt sein), tŭfele (die zeit mit unnützer arbeit hinbringen). Die letzten vier wörter sind wohl neuschöpfungen.

In allen andern wörtern ist anlautendes german. t wie im nhd. zu z geworden: ziᵃ (zähe), zal, zam, zañk (zahn), zäñ, zäᵘe (eilen), zᵘᵈn (zehe) etc.

Anmerkung. z hat sich dem vorhergehenden s assimilirt in ſĕssĕñ (16).

2. Im inlaute ist german. t

a) der regel nach wie im hd. zu s, gedehntes t zu z verschoben: rise, bise, schise, ẹise, frẹise kẹisel, wäser etc., ſĕze, käze, nẹzer, häzer, fräzel (warze) etc.

b) erhalten

aa) nach den consonanten ch, s und nach schwund eines ch oder f: ſǫ̈ster (schwester), rẹiste, ĕlster, hoste (husten) etc. — ater (achter), fliᵘte (flechten), nǫtᵉre (nüchtern), dǫᵘter (tochter), riᵘte (richten), triᵘter (trichter), lüᵘte (leuchten), ſüᵘte (seufzen).

bb) in den wörtern: schötel (schüssel, wohl wegen schözel, schürze), fut°le (betrügen im spiel) und çiter (altes tr.), dann in den fremdwörtern: böter (butter, mlat. butyrum), mǫ̈l°ter (müller, lat. molitor).

c) German. t ist zurückverschoben in zę̈d°re (zittern, stamm tra, redupl. stamm titra), kĭd°le (kitzeln).

d) Unorganisches t haben wir in ǫ̈ster (äser), älę̈vĕtich (allewig, ganz und gar) und nĕste (niesen).

3. Im auslaute ist german. t

a) erhalten in den consonantenverbindungen cht, ft, rt (in 2 wörtern); dabei ist ch, f, r geschwunden, nur in ácht erhalten (t gefallen in ächzę̈ñ, ächę̈nzwanzich), nat (nacht), ni°tche (nichte), rę̈°t (recht), schlę̈°t (schlecht), wi°t (wicht), frat (fracht), knę̈°t (knecht), nę̈t (nicht), li°t (leicht), frü°t (frucht), lę̈t (licht) — schmǫ̈°t (schmerz), köt (lat. curtus). Nur gefallen in forich (forahta, furcht). Ferner ist t erhalten in den wörtern dät, wät, ę̈t, ję̈t (iŏwät, etwas).

b) geschwunden nach consonanten, ausser l, r, n: rę̈s (rest), rǫ̈s (rost), masfęr°ke (mastschwein), męis (mist), knis (schmutz), ję̈f (gift); ferner in dem fremdwort: ſij (lat. seta, seide, vgl. ſij, seite); naturgemäß nicht angetreten an ops (obaz).

c) Nach vokalen und l, r, n ist t zu z geworden; dieses z nähert sich nach l, r, n sehr dem s, indem die zunge kaum an den rand der obern zahnreihe anstösst: schäz, schprǫ̈z (spritze), pǫ̈z (pfüzze), salz, j°lanz, felz; das r ist vor z gefallen; fǫ̈ze (farzen), schwäz, schtäz, häz, hę̈z (ndl. hert, hirsch).

3. German. th.

1. German. th ist im anlaut zu d geworden: b°dŭje (bedeuten), duſent, dęl (diele), dach, dañke, dę̈°, dät, dękel, dan, j°dę̈ije, dĕstelfeñk, dǫ̈r°ch u. a. — Ausnahme: zwę̈ñe (zwingen) und z°wę̈°sch (got. thwairhs, zwerch).

2. German. th ist im inlaute

a) erhalten als d zwischen vokalen nur in ję̈der, ǫ̈lade (einladen), adel, weil bei schwund des th ein zusammenfallen mit ję̈°r (gern), lane (aufladen) und al eingetreten wäre. Ferner ist th als d erhalten nach z und geschwundenem r oder l: hę̈zde (hitze), jrŭzde (grösse), nę̈zde (nässe), mę̈zde (mitte), hü°de (höhe), überhaupt in der substantivendung de = got. itha — ǫ̈°de (irden), wę̈°de (werden), küdel (kaldaunen).

b) geschwunden zwischen vokalen: ǫ̈°r (ader, auch gleich ähre), brü°r (bruder), fü°r (fuder), fę̈°r (feder), lę̈°r (leder), nĭ°r (nieder), wĭ°r (wieder) — fam (faden), flam (fladen), schwam (schwaden) — oplane (aufladen) — lę̈°ch (ledig = leer). Auslautendes i wird palatal: ǫ̈ijem (eidam), lĭje (leiden), v°rmę̈ije (vermeiden), klę̈ijer (kleider), schnĭje (schneiden).

3. German. th ist im auslaut

a) zu t geworden: ǫ̈°t (erde), mat (magd), mǫ̈nt, mǫ̈t (motte), wę̈°t (wert), węlt, kǫ̈nt (der kunde), ferner in der endung der 3. p. sg. praes. kǫ̈nt, frǫ̈°cht (fragt) u. s. w.

b) geschwunden da, wo ursprünglich noch ein vokal folgte: z°frǫ̈°

mọ̈üj (müde), schọ̈ij (scheide), blǖ (blöde), ferner in bāū" (bald) unter ein-
fluss der flektierten form, in hẹmp (hemidi), entstanden aus hempt*..

Anmerkung. German. th ist im auslaut zu z geworden in läz (latte).

## II. German. s, ſ.

1. German. ſ ist im anlaute

a) vor vokalen stets stimhaft: ſọ̀k, ſalz, ſẹrᵉk, ſẹᵉm (seim), ſẹiver
(geifer der kleinen kinder), ſif (gosse), ſnᵉr (schnell), ſọ̈ke (suchen), ſọ̈s
(süss), ſüchᵉle (siechen), ſüⁿt (seufzer), ſüᵘe (saugen) etc.

b) vor consonanten stets zum reibelaut sch geworden: schpleñkter,
schtrọ̀ñe, schnije (schneiden), schmal, schpẹl, schtät etc.

2. German. s ist im inlaute

a) überall zwischen vokalen stimhaft, sowohl nach kurzen wie langen:
vᵉrdrüſe, früſe, vᵉrlüſe, rọ̈ᵘſe (rasen), lüⁿſe (lösen, einnehmen), ſuſe (sausen),
dẹ̀ſe (dieser), ·muſe (mausen), duſent etc. Nur in bẹisem (besen), kŏse
(kissen), mĕse (missen) ist intervokalisches s stimlos. In bẹisem folgte
ursprünglich das m dem s, kŏse und mĕse hatten schon im ahd. gedehntes s.

Anmerkung. Jedes aus t entstandene intervokalische s ist stimlos:
schlösel, kẹisel, mŏse (müssen), mȷᵘsich (mässig), schwẹᵉse (schwitzen, eig.
schweissen), nĕsel (nessel) u. s. w. siehe unter t. Nur flỹſe, flẹſe hat stim-
haftes s, wohl in anlehnung an früſe.

b) nach oder vor stimlosen consonanten stimlos: bökse,,dẹksel, fenster,
ẹlster, stimhaft dagegen nach liquiden: zenſe, pïnſel, rümſel.

c) ſ ist geschwunden in lọt (lasst) und muⁿt (musste).

Anmerkung 1. ſ ist auch stimlos, wenn der consonant geschwunden
ist: wase (wachsen), wẹᵘsele (wechseln).

Anmerkung 2. German. ſ ist im inf. (nicht aber im impf.) erhalten,
abweichend vom nhd. in früſe und vᵉrlüſe (frieren, verlieren), zu r geworden
in kọ̈ᵘre (kiusan, schmecken).

3. Im auslaut ist jedes s stimlos, mag es aus german. ſ oder t ent-
standen sein: jras, flas (flachs), nas, lọs, hus etc.

4. Während im nhd. nur in einigen wörtern, z. b. kirsche, bursche,
nach r das s zu sch geworden ist, gilt dies für die ma. als regel: iᵃsch
(erst), fẹᵘsch (ferse), fọᵘsch (forst), fọ̈schte (furista, vorderste), baschte
(bersten), jẹᵘsch (gerste), jᵉjïtïsch (gitter), dọᵘsch (durst), dọ̈sche (türren,
darsen, dürfen), añïsch (anders), bᵉſọ̈ñïsch (besonders), öñïschte (unterste),
ọ̈vïschte (oberster), bọ̈rȷjëschlǖ (bürgersleute), bĕkïschjᵉſẹl (bäckersgeselle),
pẹᵘsch (pfirsich), kọᵘsch (crusta, curste), ferner nach n in ẹ̀ᵘnsch (ernst).

### Besondere bemerkungen.

#### 1. Junge s-bildungen.

Neben diesem alten s findet sich eine ganze reihe junger s. Diese
dienen in der mundart dazu:

---

*) Anders Mankel: Laut- und flexionslehre des Münsterthales im Elsass. Strass-
burg 1886, S. 29.

1. den übergang von einer articulationsstellung in die andere zu erleichtern; so von der explosiven gutturalen zur spirantischen bei den deminutivendungen je (chen): schtŏksje, brŏksje, rŏksje, jŏñsje, schtᶜŏksje, ö"weblĕksje (augenblickchen), ferner von einer dentalen zur andern: dats dĕ (dass du), wats dĕ (was du), von l zu b in schwŏlsber (schwalbe).

2. den plural zu bilden: ĕĭjewĕĭds (eingeweide) etc. (siehe formenlehre).

3. zur bildung von adverbien: nör¹jends (nirgendwo), ĕns (einmal), dŏks (oft), onvᵉrhŏz (unverhofft), schtĕlchens (still), schtats (geputzt), bĕĭds, drĕĭds, mĕdse (zu zwei, drei, in der mitte), schrĕks (schräge), nitsch = nits (bösartig), älewĕchs (in jetziger zeit), bᵉkants (beinahe), blĕñᵉrlĕñs (blindlings), näks (aus nahhut, got. naquaths; auslautendes d wohl nicht wie t zu z, das in der ma. fast gleich s ist, verschoben), buse zĭts (ausser zeit).

4. zur bildung von collectivis: jᵉmĕñs, jrŏñs, jᵉschtŏps, ĕĭjᵉwĕds (eingeweide).

## 2. Ueber den reibelaut sch.

Derselbe findet sich in nŏuschĭᵒrich und für ti in pladsch und mŏdsch (platea, platz, almutia, mütze), für ds: kadsch (ball, holl. kats), wätsch (handvoll), mätsch (marder).

## 3.

Vor anlautendes s ist t getreten in zäldat, zoᵘt (sorte), zŏpe (eintunken). pĕterzelie (petersilie), zent zĕlᵉster (sant silvester), zĕmᵉle (zögern), zäfron (safran).

## B. Die mitlaute des lippengebietes.

### 1. German. b.

1. Im anlaute ist german. b erhalten: brase (prassen, von kleinen kindern gesagt), bŏve (oben), buse (draussen), bäkes (backhaus), broᵘmel (brombeere), brañk, bañk u. s. w. Nur in pŏñel und pükel ist der tönende schlaglaut tonlos geworden.

2. Im inlaute ist

a) intervokalisches b regelrecht zum reibelaut v geworden: ĕvel (aber), bĕᵒve (beben), blive (bleiben), jĕve (geben), jĕvel (giebel), jᵉlŏüve (glauben), haver, hĕve (heben), klĕᵒve (kleben), lave, lĕᵒve (leben), lĕᵘver, navel, nĕvel, nĕver (neben), ŏve (oben), schave (schaben, viel essen), schrive, kive (keifen), ſŏve (sieben), drive (treiben), ŏver (über), wĕᵒve (weben), schnüve (schnupfen), dŏrᶜve (dürfen).

Anmerkung. Tonlosen reibelaut zeigt jäfel (angs. jeaful, gabel, zwei- oder dreizack; gabel, ma. fᵘrschĕt).

b) intervokalisches b ist geschwunden in hŏüt (houbit, haupt), klĕᵒne (kleiben), ha(n) (haben), vokalisiert in häü (habeta).

c) intervokalisches b erscheint in den lehnwörtern: bibel, fibel, dübel, fiber, ferner in hübel, schnabel, ſĕbel, röüber, endlich, wo bj bez. bb stand, in rĕbe (rippen) und in den neubildungen: schĕbich, knĕbᵉle (zanken), knĭbᵉle, schrübe, bübᵉle usschübe, schĭbᵉle (rollen).

d) inlautendes b ist zu p verschoben vor consonanten: öps (obs), herps (herbst), gewöhnlich f geworden, z. b.: bĕfs, bliᵒfs, bᶜdrŏft (betrübt), erhalten

nach consonanten vor vokalen: arbę̈it. German. b ist geschwunden vor s,
m, t in jęs (giebst), jęt (giebt), jęt (gebet) und ę̈mer (eimer).

3. Im auslaute ist german. b zur tonlosen spirans f geworden: af (ab),
dę̈if (dieb), jraf (grab), jrĭę̈f (ahd. griubo, mhd. griebe), jrǫuf (grob), hǫuf
(halb), knouf (knopf), kę̈rᵉf (korb), schtö̆f (stube), lif (leib), onjrᵉ̈f (unrein),
fälᵉf (salbe), schĭf (scheibe), rǫ̈f (rabe), drǫ̈̈uf (trübe).

Anmerkung. b ist zur tonlosen explosiven geworden in kamp (kamm),
und in der ursprünglichen bindung bj: schtö̆p (staub, got. stubjus, ahd.
stuppi), rö̆p (ruoppa). b ist geschwunden nach m wie im nhd. in krom
(krumm), döm (dumm).

## 2. German. p.

1. German. p ist im anlaute als aspirate überall erhalten: paf, pǫ̈l
(pfahl), pañk (pfand), pän (pfanne), par (pfarre), pǫ̈ (pfau), pęfer, pif, pĭlar
(pfeiler), pę̆nek (pfennig), pęᵉ̈t (pferd), peñste (pfingsten), pęᵉ̈sch (pfirsich),
prüm (pflaume), plö̆ke (pflücken), plöch (pflug), püᵉ̈t (pfote), pǫ̈l (pfahl),
pǫ̈z (pforte).

Anmerkung. Statt ndl. nhd. p erscheint b in broñke (im aufzuge,
prozession einhergehen = prunken).

2. German. p ist im inlaut

a) ebenfalls als aspirata in der regel erhalten: äpel, höpe (hüpfen),
klǫ̈pe (klopfen), schrömpe (schrumpfen), schtämpe, döpe (topf), schę̆pe
(schöpfen), schrępe (schrepfen), gäpe, rüpe, schtöpe, schtöpel, uǫ̈pe (nupfen),
zǫ̈pe (eintunken), tĭpe (anstossen), schnüpe (naschen), ampᵉre (säuerlich
schmecken), helᵉpe (helfen), wempel (wimpel).

b) zur spirans f verschoben in köfer (kupfer), jrife (greifen), jrę̈fel,
hǫufe, krufe, schlife, schlę̈ö̆fe (schleppen), loufe, schlöfe, ſufe, pife, hǫuf
(haufen), schę̆fel, schtrife, bᵉjrife, pę̆fer. Diese beispiele zeigen, dass eine
ziemlich starke einwirkung des hd. stattgefunden hat.

3. German. p im auslaute ist

a) meist erhalten: öp (auf), schtrö̆p, kö̆p, schnöp, dę̈ip (tief), knǫ̈p,
krǫ̈p (kropf) — dömp, dämp, kramp, kömp, schemp, schęrᵉp (scharf), dörᵉp.

b) verschoben in den wörtern: äf (affe), schǫ̈f (schaf), rif (reif),
schę̈f (schief), bᵉjrę̈f, schǫ̈f (schiff). •

## 3. German. w.

1. a) w im anlaut ist bilabial: wacher, wañk (wand), was (wachs),
wät, wǫ̈ etc.

b) w ist geschwunden in ſöster (schwester), hös (husten).

c) German. w ist vor r erhalten als tonlose spirans f in den wörtern:
frive (reiben zwischen den fingern, sonst rive), frę̈ñe (wriugan), fräsᵉle
(sich balgen), fräzel (warze).

2. German. w ist im inlaute

a) als bilabialer laut erhalten, wenn auch nur schwach gesprochen,
in den wörtern: bǫ̈ᵘe, trǫ̈ᵘe, brǫ̈ᵘe, kräᵘe, zäᵘe (eilen), hǫ̈ᵘe (hauen).
also immer nach diphthong mit u.

b) zur labiodentalen spirans v geworden in den wörtern: ẹvich (ewig), knův⁰le (fäuste).

c) in der regel geschwunden; den übergang von einem vokal zum andern erleichtert die spirans j: klẹ̈ïje (kleie), schpọ̈ǔje (spiuwan, speien), wẹ̈ljer (weiher), knọ̈ǔjele (chliuwelin, knäuel), kọ̈ǔje (kauen), drọ̈ǔje (drouwen, drohen), schtrọ̈ǔje — dieser ersatz ist nicht eingetreten in ẹᵒz (erbse), ǔch (euch) und brọ̈ᵒn (braue aus bràwa, das n stamt aus den flektierten formen).

3. German. w im auslaute ist

a) in der regel geschwunden: klĭ̈ᵒ (klee), ʃῐ̈ (see), krọ̈ᵒ (krähe), lọ̈ᵒ (lau), pọ̈ᵒ (-han, pfau), rǔ̆ᵒ (roh), jar, kal, jᵒ̈l (gelb) — auslautendes u wird bilabial: rọ̈ǔʷ (ruhe), kọ̈ǔʷ (kuh), flọuʷ (matt), jǎǔʷ (rasch), frǎǔʷ (ʷ bezeichnet hier keinen selbständigen consonanten, sondern die artikulationsstelle des u) — auslautendes ü und i wird palatal: rọ̈ǔ (reue), nọ̈ǔ (neu), họ̈ǔ (heu), trọ̈ǔ, knẹ̈ï.

b) zu f geworden nach r in fẹr⁰f (farbe), und in lǔ̈ᵒf (löwe).

Anmerkung. Nach o und u tritt w ein zum ersatz für andere consonanten; vgl. ʃǔ̈ʷe (saugen) etc.

### 4. German. f.

a) Im anlaute erhalten, nähert sich aber sehr der tönenden spirans v: fare, fan, fẹje, fẹᵒle, fin u. s. w.

b) Im inlaute ist f zur tönenden labiodentalen spirans geworden: schtrọ̈ᵒve (strafen).

c) Im auslaute erhalten in wouf, láf, fọ̈n⁰f, ẹ̈l⁰f. Ueber die übrigen ma. f siehe german. b und p.

Anmerkung 1. Ein f erscheint in kǔkef (kukuk, wol nicht kukauf?)

Anmerkung 2. Die spirans f geschwunden vor t in den wörtern: v⁰rkọ̈ᵗt (verkauft), ʃǔ̈te (sufton, seufzen), onv⁰rhọ̈z (unverhofft), luᵒt (luft). [In der regel fällt das t: jẹf (gift), siehe t.]

### 5. Die labiodentale spirans v.

v ist aus german. b entstanden; siehe sub. b.

### C. Die mitlaute des gaumengebietes.

### 1. German. g.

a) German. g ist in der mundart im an- und inlaute vor vokalen regelmässig zum stimhaften reibelaute j geworden: jañk, jäfel, jade, jar (halbe thür aus latten = gatter), jáz (bitter), jǎǔʷ (schnell), j⁰lenst⁰re (glitzern), jram (heiser), — baj⁰re, bọ̈ǔje (beugen), bọ̈r¹je, çije (eigen), fẹje etc. Vor consonanten wird der reibelaut stimlos.

Anmerkung 1. Inlautendes g ist geschwunden in rọ̈ᵒn (regen), drọ̈ᵒs (trägst), schlẹ̈ᵒs (schlägst), mọ̈ᵒt (mochte), ẹ̈lster (egelster), lat (legte), ʃat (sagte), mat (magd), cf. unter ch; an die stelle des schlaglautes ist die bilabiale spirans w getreten nach ọ̈ und ǔ: fọ̈ᵘw⁰l (aber fọ̈ǔjel), kọ̈ᵘwel (kugel), dọ̈ᵘwe (taugen), ʃǔ̈ʷe (saugen).

Anmerkung 2. Der schlaglaut g findet sich in den pluralen hę̄ge, plä̈ge, ferner in den wörtern: kwǎg°le (vom wetter: unbeständig sein), wǎg°le (wackeln), schmǎge (schlagen), für german. gj bez. k.

b) German. g im auslaut ist zum stimlosen reibelaut ch geworden: ęr¹ch (arg), öch (auge), ĕvich, schręch etc. German. gg ist wie schon im ahd. k geworden: rök (rücken), nur in höch (haken) ist die spirans eingetreten.

Anmerkung. Der schlaglaut ist geschwunden und der vokal i palatal geworden in j°wǫ̈ıj (geweihe).

## 2. German. k.

a) German. k im anlaute ist aspiriert: kal°f, kę̆r°me (wehklagen, stöhnen), kęr°f (kerbe), kę̆tsch (das kerngehäuse der äpfel). Die verbindung kw ist k geworden in kö̆me, j in jal°m (qualm); k ist erhalten in klǫk (glocke); k ist j geworden in ję̆ñe (keiner).

b) German. k im inlaute ist

1. nur erhalten in der gemination kj = kk und nach consonanten wie im nhd.: bäke (subst.), b°hö̈ö̆ke (betrügen), flǎk°re, fęr°ke etc. Abweichend vom nhd. auch in rę̆ke (reichen), krę̆k (krieche, schlehe), flöke (fluchen), ſöke (suchen), schnor°ke (schnarchen).

2. zu ch verschoben nach vokalen: kächel, krache etc., auch abweichend vom nhd. in schmache (schmecken), wacher (wach = nhd. wacker), jöche (gucken).

Anmerkung. In mat = markt aus lat. mercatus ist vor t, r und k geschwunden; zuerst wurde k zur spirans ch und fiel wie diese vor t, dann fiel r. Unorganisches k ist eingeschoben in jañks (gans).

c) German. k im auslaut ist unverschoben in der gemination kk und nach consonanten: blék, blǫk, bök, brǫk, ĕk, kęl°k (feistes kinn); ęr°k (arche), verschoben nach vokalen: ę°ch (eiche), fręch, ıch etc.

## 3. Die spirans ch.

1. ch im anlaute kommt nicht vor, im inlaute entspricht es wie im nhd. teils german. ch: lache, bıchte · (beichten), teils german. k. Ebenso ist seine aussprache palatal nach e, ö, i, ü, eu, guttural nach a, o, u. Vor den dentalen ist ch geschwunden, sowohl das palatale als gutturale: flıö̈te (flechten), j°wiö̆t (gewicht), liö̆t (leicht), niö̆tche (nicht-chen), wiö̆t (wicht), triö̆ter (trichter), rę̆ö̆t (recht), knę̆ö̆t (knecht), schlę̆ö̆t (schlecht), lét (licht), nǫ̆t°re (nüchtern), nĕt (nicht), lü̈ö̆t (leuchte), ſuö̆t (suchte), frü̈ö̆t (frucht), j°schlat (geschlacht, geartet), nat (nacht), at (jĕve, acht geben), v°rate (verachten), v°rdat (verblüfft), lat (lacht), brat (brachte), dat (dachte), v°rſuö̆t (versuchte), uö̆t°le (während der dämmerung arbeiten, von uohto, die dämmerung), dǫ̆ö̆ter (tochter) — ſę̆s (sechs), nüs (nichts), bös (büchse), wę̆ö̆s°le (wechseln), ǫ̆°s (ochse), was (wachs), wase (wachsen). Vor s ist ch meist zu k verhärtet: dę̆ksel. Nach l geschwunden in b°fę̆ö̆le (befilhan).

Anmerkung 1. Vor dentalen ist ch erhalten in den wörtern: bıcht (beichte), jĕch (gicht aus gihido), hę̆ch (hęhhit), in denen zwischen der spirans und dem dental ursprünglich noch ein vokal stand; ferner in den der entlehnung verdächtigen wörtern: çcht, fǒ̈ch (feucht) und in acht (8).

Anmerkung 2. Im inlaute ist die tönende spirans eingetreten in v^erzĕ̈ïje (verzeihen), wĕ̈ïje (weihen).

Anmerkung 3. Im auslaute ist ursprüngliches ch geschwunden; auslautendes i wird dabei palatal: rĕ̈ïj (reihe), ſĕ̈ïj (seihe); auslautendes u bilabial: rou^w (rûch, rauh). Bei den übrigen wörtern tritt der ölaut ein: flü̈ (floh), lü̈ (lohe), nǒ̈ (nahe).

## 4. German. j.

1. Im anlaute überall erhalten: jǒ̈r (jahr), jö̈misch = jammers; fehlt, wo im nhd. j steht, in ǒ̈me (jemand).

2. Im inlaute erhalten in blǒ̈üje (blühen = bluojen), j^rlǒ̈üje (glühen = glüejen mhd.), afmǒ̈üje (abmühen = mhd. müejen); in brǒ̈ü (brühe = brüeje mhd.) ist der einfluss des j erkennbar an der palatalisierung des ü. Das intervokalische j ist gefallen in den wörtern: krï̈öne (krähen), drï̈öne (drähen), mï̈öne (mähen), nï̈öne (nähen), ſï̈öne (säen), bï̈öne (bähen), schpï̈öne (den säugling entwöhnen). Ueber die bildung siehe flexionslehre Cap. 2.

Anmerkung. Aus i hat sich die spirans entwickelt in frĕ̈ïje (freien) und fĕ̈ïjent (feind). Nach i, e und ü tritt j ein als ersatz für geschwundene consonanten: bĕ̈ïj (biene), bĕ̈ïje (bieten) etc.

3. Im auslaut ist j geschwunden; nur in fröch zur gutturalen spirans geworden.

## 5. German. h.

1. Der gutturale hauchlaut kommt nur im anlaute für german. h vor: hüle (heulen), hus etc. Geschwunden ist h in den vorsilben her und hin: çraf, çröp, çwĕch (hinweg). Unorganisch tritt es an in hę̈ (er), hęt (es).

2. Im inlaute ist h geschwunden: ſï̈ (sehen), ǒ̈r (ahir, ähre), schlǒ̈ (slahan, schlagen), j^eschęt (geschehen); zuweilen tritt die sprirans j ein: ſǒ̈je (sahen), bĕ̈ïj^ele (beil, bihal), dǒ̈üje (duohan), j^rdĕ̈ïje (gedeihen); h ist ch geworden in böchel (buhil, büchel).

Anmerkung. Im anlaute nebentoniger silbe ist geschwunden in wǒ̈r^et (wahrheit), dömet (dumheit — dumkopf), kęr^ichef (kirchhof); endlich in den zusammensetzungen mit hus: jastes (gasthaus), schlǒ̈nes (schlachthaus, eig. slân-hûs), bäkes (backhaus), düves etc.

3. Im auslaute ist h geschwunden: nǒ̈ (nahe), flü̈ (floh). Die spirans ch ist eingetreten in ſǒ̈ch (sah), j^eschü̈ch (geschah).

## D. Die mitlaute des nasengebietes.

### I. Labialer nasal m.

1. M entspricht vollständig dem nhd.; es ist überall stimhaft.

2. Erhalten ist m, wo im nhd. der dentale nasal eingetreten ist in den wörtern: bęisem (besen), bǒ̈m (boden), fam (faden), ǒ̈m (athem), schwam (schwaden), freisem (milchschorf), deisem (sauerteig). Das wort flam (ahd. flado, nstamm) weist ebenfalls auf einen stamm fladam hin. Für den

gutturalen nasal zeigt die ma. den labialen in bŏ̆kem (bücking). Diese vor-
liebe für auslautendes m ersieht man aus den pronomen dŏ̆m (dem), hŏ̆m
(ihm), welche für dativ und accusativ stehen, während sonst der acc.
beide casus vertritt.

3. Geschwunden ist m in jrilache (grim-lachen, auslachen), fŏ̆fzç̆ñ
(fünfzehn).

4. M ist zu n geworden in j°bŏ̆n (gebodem, boden), kŏ̆ñt (kömmt),
mŭ°n (altes mütterchen) und fŏ̆n°f (fimf, 5).

5. Zur vermittelung der artikulationsstelle ist zwischen m und d
ein p, die labiale explosiva eingeschoben, wobei nahher das d geschwunden
ist, in hemp (aus hempt), plur. aber hemde.

## II. Dentaler nasal.

1. Im an- und inlaut ist n wie im nhd. stimhaft. Nach langen vokalen
wird es gedehnt: kŏ̆ñt, hŏñk (hund) etc. German. g ist vor n erhalten in
knaje (nagen), knŭv°l (faust), knŭdel (nudel). Inlautendes n ist gefallen
in ŏ̧ſe (unser) und ŏ̧s (in unbetonter satzstelle); ç̆°le (elina, elle).

2. Im auslaut ist n wie allgemein im fränkischen sprachgebiet
geschwunden.

a) Erhalten ist der nasal nur in einsilbigen wörtern nach vokalen:
hç̆n (hin), hŏ̧n (huhn), pän (pfanne), schŏ̧n (schön), ſŏ̧n (sonne), schpän, tŏ̧n,
— han, kan, ban, brun, jran (gräte), schwan, ſen (sinn), schin, win, zen
(zink), hǫ°n (horn), kç̆°n (kern) — krŭ°n (krone) lç̆°n (lehne), brǫ̆°n (braue),
rç̆°n (regen), lŭ°n (lohn), mĭ°n (mähne), schtç̆°n (stein), trǫ̆°n (thräne). Nur in
ç̆° (ein), bç̆lj (biene) ist n gefallen.

b) Im übrigen fällt auslautendes n:

aa) im inf. und partic.: jç̆ve, j°jç̆ve, du° (thun); die ganze endung
ist gefallen in j°wç̆°s (gewesen) und j°ſĭ° (gesehen).

bb) in den n-stämmen: dŭm (daumen), knǫuch (knochen), schäte
(schatten), zç̆°che (zeichen), ſǫ̆ve (aber ſǫ̆venzç̆ñ), knǫ̆° (knoten), krach (kragen),
köch (kuchen); die ganze endung ist geschwunden in bǫ̆° (bote) und drŭ°ch
(trocken).

cc) In den wörtchen: mç̆ (man), ŏ̆me (ioman, jemand), nŏ̆me
(niemand), nç̆° und nç̆ (nein) und a (an).

dd) nach r: schpǫ̆°r (sporn), schtǫ̆°r (stern), schtĭ°r (stirne), fǫ̆°re
(vorn), jç̆°r (gern), jést°re (gestern), bç̆°r (bira, birne), dǫ̆°r (dorn), kǫ̆°r
(roggen, dagegen kǫ̆°n samenkorn etc.), iſer (isarn, eisen), nŏ̆t°re (nüchtern),
ŏ̧st°re (ostern). In lĭ°re (lernen) ist ein zusammenfallen von lernen und
lehren anzunehmen.

c) Für nhd. n weist die ma. r auf in nç̆ver (neben), wohl infolge
von analogiewirkung von hç̆ñer, oñer etc. (vgl. Mankel: S. 35 ertzite =
enzite) und l in wajel (wohl wagelin; der dialekt liebt die deminutivform).

d) Auslautender dentaler nasal wird in der regel guttural, wenn
ihm ursprünglich noch ein vokal folgte: (die ausnahmen siehe unter 2, a)
zĭñ (bütte), lĭñ (leine), violĭñ (violine, dann gefängniss), klç̆ñ (klein), pĭñ
(pein), zç̆ñ (zehn), rç̆ñ (rein), jrǫ̆ñ (grün), j°mç̆ñ (gemein), nŭ̆ñ (neun), krŭñ

(corona, tonsur), alle eigennamen auf ina: Fīñ, Roſīñ etc., męñe (meinen), dęñe (dienen), jrīñe (greinen), schīñe (scheinen), dann die wörter: min, din, ſin, fin, ęᵘ (ein) in attributiver stellung: mīñ, dīñ, ęñ etc., endlich die plurale von win, bęᵉn (bein), schtęᵉn (stein). Der guttural tritt, wie die beispiele zeigen, nur nach den spitzen vokalen i, ü, ő, e auf.

Anmerkung 1. Ueber nd und nt siehe unter d.

Anmerkung 2. Wie oben gezeigt, liebt es die mundart, auslautendes n abzustossen. Im geraden gegensatze hierzu schiebt dieselbe in zusammenhängender rede zur vermeidung des hiatus vor vokalen ein n ein, z. b.: dęᵘnat = der art; Dęᵒ ſönt dᵘ schwǫlsbᵉre wīᵘr, júchhěi, dī bręñen ĕt fröchjęᵘr, węlköm hei! vgl. das ganze reizende gedicht: „Męilętche" von Gustav Vossen.

### III. Gutturaler nasal.

1. Im inlaute entspricht er vollständig dem nhd.

2. Im auslaute ist er zu ñk verhärtet: deñk, jañk (gang), reñk (ring).

3. Vor dem k ist n gefallen in nebentoniger silbe in den wörtern: kǫnek (könig), pęnᵉk (pfennig), hęrek (häring), schęlek (schilling).

4. Gutturaler nasal ist vor folgendem f zu m geworden in jömfer (jungfrau).

### E. Die liquiden.

### I. Der l-laut.

1. Das l der mundart wird gebildet am rande des vordergaumengebietes. Die zunge berührt die zähne nicht. Ueber die verbindungen mit l, zwischen denen in der mundart ein hilfsvokal erscheint, siehe unter svarabhakti-vokal.

2. Inlautendes l ist gefallen in bęᵘke (bölken, schreien), rǫpsche (rülpsen), schtüte (zu stolz), mǫᵘthövel (molt-hövel, maulwurf), ęs (als), ät (schon, von aldä), dann vor t-laut nach a, u, o unter gleichzeitiger diphthongierung des vorhergehenden vokals: ǫᵘt (alt), kǫᵘt (kalt), mit schwund des d: bäüᵂ (bald), schäüᵂ (schalte), häüᵂe (halten), fäüᵂe (falten), schǫüᵉer (schulter), ſǫüᵂe (sollten), fǫuᵂere (falthor), (dagegen belt, fęlt); ferner vor f in lǫuf (halb), kǫuf (kalb), wouf (wolf).

3. Wechsel zwischen r und l zeigen kęrᵉver (ahd. kervola, kerbel), ęlber (erbel, erdbeere).

### II. Der r-laut.

1. Das r der ma. wird im obern kehlkopfgebiete gebildet. In der vokallehre ist schon darauf hingewiesen worden, dass es gern den umlaut des vorhergehenden vokals bewirkt.

2. R ist im inlaute geschwunden vor t-laut, z, l, n und s: ęᵘt (erde), at (art), fat (fahrt), fęᵘdich (fertig), füt (fort), jade (garten), jútsch (gerte), hęᵘt (herd), hęᵘt (herde), kat (karte), bat (bart), kęᵘt (kordel), adich (artig), wǫᵘt (wort), bǫᵘt (bord), mat (markt), mǫᵘde (morden), bᵉschwiᵘde (beschwerde), ǫᵘt (ort, absatz), pęᵘt (pferd), schmǫᵘt (schmerz), schwät (schwarte), bᵉjat (begard), bǫᵘde (borden), bęᵘt (bürde). — Vor z ist r geschwunden in den

wörtern: häz (herz), schtäz (sterz), ǫ̆z (erbse), föze, hĕz-jraf (hirsch), kǫ̆z
(kerze), pǫ̆z (pforte), schwáz, schözel (schürze). [In pǫsch°lęi (porzellan)
haben wir wie im ital. den s, nicht den z-laut.] Vor l in kǫ̆velęňk (käfer-
ling, maikäfer), kǫ̆l (kerl), pǫ̆l (perl), mǫ̆l (merle). — Vor n nur in wenigen
wörtern: kǫ̆n (kern), hǫ̆n (horn), kǫ̆n (korn), ǫ̆nsch (ernst). In der regel
fällt das auslautende n. — Ueber die verbindung rs siehe unter s: busch
(geld = burse, börse?).

3. R ist im auslaute geschwunden in hǫ̆ (er), hei (hier), dǫ̆ (der),
wǫ̆ (wer), dǫ̆ (da), dĕſe (dieser), öſe (unser), mĭ̈ (mehr), ǫ̆ve jĕn dǫ̆r (über
der thüre), aber ǫ̆ver ĕt hus (über dem hause), fǫ̆ jĕn dǫ̆r (vor der thüre).

4. Wechsel zwischen r und l haben wir in ĕvel (aber), döl°per (dorpel),
schtĕchel (stecher), brǫ̆mel (brâmberi, brombeere), bälbüz (scherzhaft für
barbier = bartputzer. (r ist erhalten, wo nhd. l steht, in prüm (pflaume).
Angleichung an l hat stattgefunden in ęlleter (erila, erle) — von r und n
in knĭt (kreide). — Unorganisches r zeigt kräschtę̆ĭ (kastanie) — ch steht
für r in bręchachtich (= artig, zum abrechen).

Anmerkung. Für die lehre von den consonanten sind noch berück-
sichtigt worden: Bachmann: Beiträge zur Geschichte der schweizerischen
gutturallaute. Heusler: Beitrag zum consonantismus der mundart von Basel-
stadt. Mankel: Laut- und flexionslehre der mundart des Münsterthales
im Elsass. Heimburger: Grammatische darstellung der mundart des dorfes
Ottenheim. Follmann: Die mundart der deutsch-Lothringer und Luxem-
burger. Fuss: Zur etymologie niederrheinischer provinzialismen Progr. 2
und 3. Buesch: Ueber den Eifeldialekt. Hertel: Die Salzunger mundart.
Holthausen: Vokalismus der Soester mundart. Hoffmann: Die vokale der
Lippischen mundart. Kaumann: Entwurf einer laut- und flexionslehre der
Münsterschen mundart.

## Formenlehre.

### Cap. 1. Das nomen.

### A. Die deklination.

#### I. Die deklination des substantivums.

Wie in den meisten mundarten ist von dem alten sprachgute der
casus ausser dem nominativus nichts erhalten. Die mundart hilft sich mit
umschreibungen. Nur in einigen adverbien erscheint der alte genitiv auf s:
ſéns (sinnes). Dagegen giebt es ausser den alten pluralbildungen eine
reihe neuer, ja, hier lässt die mundart formen erkennen, die im nhd. ver-
wischt sind. Die paradigmata gestalten sich folgendermassen:

| Mascul. | | Femin. | |
|---|---|---|---|
| Sing. | Plur. | Sing. | Plur. |
| dᵘr dach | dᵘ däch | dᵘ fräü | dᵘ fräüens |
| fá(n) dᵘr dach | fá(n) dᵘ däch | fá(n) dᵘ fräü | fá(n) dᵘ fräüens |
| dᵘr dach | dᵘ däch | dᵘ fräü | dᵘ fräüens |
| dᵘr dach | dᵘ däch. | dᵘ fräü | dᵘ fräüens. |

Neutr.

| Sing. | Plur. |
|---|---|
| (dăt) ęt wǫᵘt | dᵃ wǫ̆ᵘt |
| fă(n) (dăt) ęt wǫᵘt | fá(n) dᵒ wǫ̆ᵘt |
| (dăt) ęt wǫᵘt | dᵒ wǫ̆ᵘt |
| (dăt) ęt wǫᵘt | dᵒ wǫ̆ᵘt. |

Das germanische weist wie noch das nhd. zwei hauptdeklinationen auf, eine starke und eine schwache. Diese lassen sich auch in der achener mundart noch unterscheiden. Im folgenden wollen wir nun die deklinationen durchgehen und sehen, wie die pluralbildung sich in der mundart bei den einzelnen gestaltet hat.

## A. Die starke deklination.

Das ahd. besitzt noch drei starke deklinationen, die a-, die i- und u-deklination.

### § 1. Die a-deklination.

#### 1. Die Masculina.

1. Der plural der a-deklination hat meist das e gewahrt, z. b.: ǫvende (abende), dějęmante (diamante), kęᵘne (kerne) etc.; auch die wörter auf er, el, em zeigen abweichend vom neuhochdeutschen ein e, z. b.: fęñere (finger), fęᵒlere (fehler), kęlere (keller), lüᵒtere (leuchter), tęlere (teller) — schǫ̆mele (schimmel), hǫ̆mele (himmel), schtĕchele (butterstecher), schwęjele (schwefel), jręfele (griffel), kęᶾlle (kittel), bŭle (beutel) — bęiseme (besen), bǫ̆keme (bückinge).

2. Die wörter ęrᵉm (der arm), schwęrᵉm (schwarm), bęrᶦch (berg), ʃen (sinn), dach (tag), wēñk (wind), rēñk (ring), hōñk haben das plural-e verloren, gleichzeitig aber den vokal gekürzt: ęrᵉm, schwęrᵉm, bęrᶦch, ʃęn, węñ, ręñ, hǫ̆ñ. Der vokal wird um eine stufe offener.

Bei der kürzung ist das auslautende n gleichzeitig guttural geworden in den wörtern schtęᵉn (stein) und win (wein) — schtęñ, wíñ; bei ñk das k gefallen: hǫ̆ñ.

3. Den plural auf s zeigen die wörter kęᵒl (kerl) und ʃębel — kęᵘls (der vokal ist gleichzeitig gekürzt), ʃębels und die wörter auf er, welche eine handelnde person bezeichnen. Das r schwindet, das s wird zum reibelaut sch (vgl. lautlehre unter s) und das e nähert sich dem i: lᶦᵒrïsch (lehrer), męᵒstïsch (meister), schrinïsch (schreiner), schnidïsch (schneider), daneben finden sich auch plurale auf ere: schüstere, schlǫsere.

4. Den plural bilden durch anhängung von er die wörter: jęᵉs (geit), lif (leib), schtǫuf (stoff) — jęᵉster (das abgefallene t tritt stets im plural wieder ein, cf. die übrigen deklinationen), liver; schtǫuf hat zugleich den umlaut: schtǫ̈ufer.

5. Unverändert bleiben im plural die wörter: schǫ̆ñ (schuh, ndl. schoen), fésch (fisch), bręᶦf (brief), dęᶦf (diebe).

6. In die i-deklination sind übergetreten die wörter: ǫ̈ᵘm (atem), — ǫ̈ᵘm; dǫᵘr (dorn) — dǫ̈ᵘr; krǫᵘm — krǫ̈ᵘm, ǫᵘt — ǫ̈ᵘt (absätze), mōñk

(mund) — mǫ̆ñ. In dǫ̆ᵘr und mǫ̆ñ ist der vokal gekürzt und in mǫ̆ñ aus ñk ñ geworden.

## 2. Die Feminina.

1. Den plural bilden die wörter dieser klasse auf e, im singular haben alle ohne ausnahme das ursprüngliche e eingebüsst.

Beispiele: dĕ̆ zal — zale, dĕ̆ jäfel — jäfele, dĕ̆ bǫᵘr (birne) — bǫᵘre, dĕ̆ blǫ̆m — blǫ̆me (blume), dĕ̆ blǫ̆ᵘs — blǫ̆ᵘſe, dĕ̆ nǫ̆lt — nǫ̆lde (nadel), dĕ̆ schǫ̆lderĕ̇ı̇ — schǫ̆lderçı̇ȷe (bilder unter glas), ſçrᵉk — ſçrᵉke (särge).

2. Das subst. ǫ̆rjᵉl nimmt im plural s an: ǫ̆rjels.

3. Das subst. schçrᵉf ist in der mundart neutrum und geht nach bǒch (buch) — schçrᵉfer.

## 3. Die neutra.

Die neutra der a-deklination weisen in der mundart eine mannigfache pluralbildung auf. Zunächst besteht der alte unterschied zwischen der bildung des plurals auf e und er.

1. Den plural bilden auf e zunächst alle wörter, welche auf r ausgehen: fü̆ᵘr — fü̆ᵘre (feuer), rŭ̆ᵘr (rohr) — rŭ̆ᵘre, jǫ̆ᵘr (jahr) — jǫ̆ᵘre; ferner die meisten wörter auf el: mǫ̆dᵉle, mǫ̆ᵘbᵉle; endlich die wörter: brü̆ᵘde (brode), knç̆ıȷe (knie), hǫ̆ᵘne (hörner). In dem worte jᵉbǫ̆ñ tritt das abgefallene d im plural wieder ein: jᵉbǫ̆ıȷde.

2. Die endung er nehmen im plural an die wörter: bĕ̆t — bĕ̆der, krŭ̆z — krŭ̆zer, nĕ̆z — nĕ̆zer, mĕ̆z (messer) — mĕ̆zer, poñk — pǫ̆ñer — pañk — päñer, jras — jrçſer, bĕ̆lt — bĕ̆lder, bǒch — bǒcher, dach — dçicher, deñk — dĕ̆ñer, keñk — kĕ̆ñer (daneben auch dĕ̆ keñk) — reñk (rind) — rĕ̆ñer, dǫ̆rᵉp — dǫ̆rᵉper, çi — çı̆ȷer, fas — fçiser und faser, jᶜlas — jᶜlçſer und jᶜlaſer (gläser), jraf (grab) — jrçver, hǫ̆ŭt (haupt) — hǫ̆ŭjer, holz — holzer, kǫuf — kǫuver, klç̆ᵘt — klç̆ıȷer, lĕ̆t — lĕ̆der (licht), lǫuch — lǫücher, schelt — schĕ̆lder, schlǫs — schlǫ̆user, pç̆ᵘt — pç̆ᵘder, dǒch — dǒcher, wif — wiver, wiᵘt (wicht) — wiᵘter, jᵉwiᵘt (gewicht) — jᵉwiᵘter. Die wörter nçis, jᵉſéch, hĕ̆mp lassen das ursprüngliche t im plural wieder zum vorschein kommen: nçister, jᵉſéchter, hĕ̆mder. Das wort hǫ̆n (huhn) schiebt ein d ein: hǫ̆nder. In den wörtern blät und rät schwindet das intervokalische t: blar, rar.

Wie die beispiele zeigen, wird der stamvokal gleichzeitig gekürzt und offener; ferner zeigen die umlautsfähigen wörter den umlaut mit ausnahme von holzer, hǫ̆nder, faser, jᶜlaſer, kǫuver, blar, rar, pǫ̆ñer, pañer.

Anmerkung. Die fremdwörter sächlichen geschlechtes zeigen ebenfalls diese bildung: bᵉkç̆t (bouquet) — bᵉkç̆ter, fazun — fazŭ̆ñer, lavemĕ̆nt — lavemĕ̆nter.

3. Einige wörter bilden den plural durch kürzung des stamvokals und umlaut: wǫ̆ᵘt — wǫ̆ᵘt (wörter), bǫ̆ᵘt — bǫ̆ᵘt; bei gleichzeitiger gutturalisierung eines schluss-n: bçᵉn (bein) — bǫ̆ñ.

4. Die stämme, die auf en ausgingen, nehmen im plural das geschwundene n und s an: zç̆ᵉche — zç̆ᵉchens, fçrᵉke (ferkel ndl. varken) — fçrᵉkens, fǫ̆le (füllen) — fǫ̆lens, kŏse (kissen) — kŏsens. Auf einen solchen plural

geht wohl das subst. dät schrivens (das schreiben) zurück. Ferner bilden den plural auf s: wajel und einige fremdwörter auf l: wajels, linejals, kamⁱᵒls.

5. Eine seltsame bildung ist der plural der in der mundart sehr beliebten deminutiva auf che(n). Derselbe geht nämlich auf ere aus: schtǫ̈ulchere (stülchen), wẹjelchere (wäglein), kǫ̈ñchere (kinderchen), nǫ̈ᵘtchere (nähtchen), bǫ̈ŭmchere (bäumchen) etc. In der Ronsdorfer mundart haben wir bǫ̈kskes, in der Kölner bǫ̈kscher. Der vorgang wird sein: an den sing. wurde s angehängt, dabei fiel n und s ward r wie in war aus was. Die achener ma. hing diesem er noch die pluralendung e an, wie in tẹlere etc.

6. Die wörter auf er haben s bei gleichzeitigem schwund des r: klöstĭsch, jᵉjĭtĭsch (gitter).

7. Unverändert bleibt schǫ̈ᵛf — de schǫ̈ᵛf.

## § 2. Die i-deklination.

### 1. Die masculina.

Zu dieser klasse gehören diejenigen wörter, welche ursprünglich im plural ein i hatten und deshalb jetzt umlaut zeigen: ę̆pel (äpfel), bę̆ñ (bänder), ję̆ñ (gänge), hę̆ls (hälse), krę̆mp (krämpfe), krę̆nz (kränze), mę̆nktel (mäntel), nẹjel (nägel), rę̆ñ (ränder), ſę̆l (säle), schwę̆m (schwämme), schwę̆nz (schwänze), schtę̆z (sterze), schötelplę̆k (spültuch), schtę̆l (ställe), schtrę̆ñ (stränge), dę̆nz (tänze), zę̆ñ (zähne) — ęis (äste), bęich (bäche, daneben bachens), jęis (gäste) — fę̆ᵘm (fäden), flę̆ᵘm (fläden), kę̆ᵘm (kämme) — blǫ̈k (blöcke), bǫ̈k (böcke), fǫ̈s (füsse), jrǫ̈s (grüsse), hǫ̈t (hüte), kǫ̈p (köpfe), schprǫ̈ñ (sprünge), schtǫ̈s (stösse), ǫ̈vent (öfen), wǫ̈rᵉm (würmer) — bǫ̈ᵘm (böden), pǫ̈ᵘl (pfähle), drǫ̈ᵘt (drähte), bǫ̈ŭm, hǫ̈üf, knǫ̈üf, kǫ̈üch, schtǫ̈ŭl (stühle), drǫ̈ŭm, fǫ̈üjel (vögel), wǫ̈üf (wölfe) — püf (stösse), tŭᵘn (töne), flŭᵛ (flöhe).

Wie die beispiele lehren, ist das i der pluralendung überall geschwunden, der stamvokal womöglich gekürzt und offener geworden.

2. Die wörter dę̆rᵉm, kǫ̈rᵉf bilden den plural durch kürzung des stamvokals: dę̆rem, kǫ̈ref.

3. S nehmen im plural neben umlaut an die wörter altǫ̈ᵛr (altar) und schwǫ̈ᵛjer — altǫ̈ᵛsch, schwǫ̈ᵛjisch.

4. Auf er geht der plural aus in dem worte schtrücher (sträucher).

5. In die a-deklination sind übergetreten: pladsche, ſęrᵉke (daneben ſęrᵉkens), ſádᵉle, schpäse, hämere, fröüsche.

### 2. Die feminina.

Die bildung des plurals ist dieselbe wie bei den masculinis: bęnk (bänke), brüt (bräute), brǫ̈s (brüste), füs (fäuste), ję̆ñs (gänse), hę̆ñ (hände), hüt (häute), kŏü (kübe), lüs (läuse), mŭs (mäuse), nǫ̈ᵛ sg. nǫ̈ᵛt (nähte), nǫ̈s (nüsse), wę̆ñ (wände), wǫ̈ᵛsch (würste), mę̆ᵛ (magd, sg. mat), schtǫ̈ᵛ (städte), sg. schtät).

Anmerkung. bälⁱch ist in die a-deklination übergetreten: bälⁱje.

## § 3. Die u-deklination.

Die wörter dieser deklination sind wie im nhd. in die andern deklinationen übergetreten; soweit sie einen plural haben, ist er nach der i-deklination gebildet.

### B. Die schwache oder n-deklination. § 4.

#### 1. Die masculina.

1. Der n-stamm ist erhalten bei den pluralen auf s: döpens (töpfe), jadens (gärten), schadens (schäden), bäkens (backen); diesen wörtern hat sich angeschlossen jäkens (jacken aus fr. jaque).

2. Jedoch nur die wenigsten wörter zeigen diese pluralbildung, die meisten wörter sind in die a-deklination übergetreten: de hane (hähne), hafe, schtę̆re, name, beiseme, liche, ěr°ve (erben), fę̆tere, schŏze, j°ſę̆le, bę̆°r — bę̆°re (bären), äf (affe) schiebt ein d ein: äfde.

3. Durch umlaut bilden den plural: bǫ̈° (bote) — bǫ̈°, bǫ̈°ch — bǫ̈°ch (bogen).

#### 2. Die feminina.

1. Den n-stamm haben bewahrt: frää°ens, kǫr'chens (kirchen), kę̆tens, böksens (hosen).

2. Auch die meisten feminina sind in die a-deklination übergetreten: dúve (tauben), drŭve (trauben), schrŭve (schrauben). flǫ̈ije (fliegen), ſije (seiten), blǫ̈me (blumen), ſǫne, naſe, schwejele (schwefel, zündhölzchen, vgl. ahd. swegala pfeife), plänze (pflanzen), hǫ̈ſe (strümpfe), zǫ̈ne.

#### 3. Die neutra.

Zwei neutra gehören in diese klasse: häz (herz) hat häzer und öch (auge) — öä°e.

### § 5. Die übrigen consonantischen stämme.

1. r-stämme. Hierhin gehören die bezeichnungen für familiengrade: fäder (far), mǫder (mŭ°r), dǫ°ter (tochter), brŭ°r (bruder), ſöster (schwester). Die beiden ersten gehen nach der a-deklination: fädere, mödere, fare, mŭ°re, brŭ°r nach der i-deklination: brŭ°r; dǫ°ter und ſöster bilden den plural auf s: ſöstisch, dǫ̈°tisch; letzteres zeigt gleichzeitig umlaut.

2. Participialstämme: Die beiden hierhin gehörenden wörter: fę̆ijent und frönt bilden den plural auf e, letzteres unter gleichzeitiger kürzung des vokals: fę̆ijende, frönde.

3. Von den andern consonantischen stämmen hat man im plural mänder, zañk (zahn) — zę̆ñ, nat (nacht) — nate (nhd. nächte).

### II. Die deklination des adjektivums.

1. Einen unterschied zwischen starkem und schwachem adjektiv macht die ma. nicht. Das neutrum zeigt stets den reinen stamm, das femin. und der plural haben in der regel das e der endung eingebüsst, das masculinum dagegen weist nach schwund des r im sing. ein e auf.

Beisp.: sing.: jǫä°e man, jǫä° frää, jǫt kęñk, guter man, gute frau, gutes kind;

plur: jǫä° mänder, frää°ens, kę̆ner;

ferner sing.: ää°e, ää°, ǫ°t, plur.: ää°, añere, añer, añer, añer (andere), aj'nĭ°me, aj'nĭ°m, aj°nĭ°m (angenehm); dǫ̆ne, dǫ̆n, dǫ̆u, dǫ̆n (dünn),fale rǫ̆k, fal käp, fal klę̆°t, fal klę̆ijer, flää°e, flǫ̆ŭ, flǫ̆ŭ, hǫuve, hǫ̆ŭf, hǫ̆ŭf, hǫ̆ŭf, hę̆le (hart, laut), hę̆l, hę̆l, hę̆l.

Der unbestimte artikel lautet: ę̆ñe oder ǫ̆ue (einer), ę̆ñ (eine), ç° (eines).

Das adjektivum wird in attributiver stellung gekürzt, der vokal wird offener und diejenigen, welche anf n oder ñk ausgehen, verwandeln dieses n oder ñk in guttnrales ñ z. b.: ǫr°m (arm) — ǫ̆r°me, ǫ̆r°m (fräü), ful — füle, flǫu — flääe, j°nǫ̆ŭ — nǫ̆ŭje, schǫ̆°f — schǫ̆lf; brun — brüñe, din, min, ſin, ſin — mĭñe, dĭñe, ſĭñe, fĭñe, bleñk — blǫ̆ñ.

2. Die adjektiva blǫ̆° (blau), blü̆° (blöde), rü̆° (rot), schh° (herbe), schrǫ̆° (böse, entstellt), frü̆° (froh) nehmen anch im masculinum kein e an.

3. Im fem. und plur. zeigen e alle wörter auf ich, ferner frèsch, ſǒs (süss), dĕch, flach, flǫ̆t, j°lät, dĕk, frĕch, hę̆°s, krăñk, ǫ̆°de, lĭ°t, blás, ferner al im plur. und eniche (einige), çije, ǫ̆fe (einfarbig von eben?) .

4. brǫ̆°t hat im fem. e, im plur. verliert es das auslautende t und zeigt einen kurzen diphthong: brǫ̆ĭ.

5. Nur prädikativ werden gebraucht: schǒü (scheu), schüb (entblösst), schpäk (spärlich), fräk (zähe), schprǫk (spröde).

6. jĕder bleibt unverändert in allen drei geschlechtern: jĕder man, jĕder fräü, jĕder keñk.

## B. Komparation des adjektivums.

1. Der komparativus wird mittelst der endung er (got. i, ahd ir), der superlativus mittelst der endung st (ahd. ĭst, ost) gebildet. Der stamvokal wird meist gekürzt und offener. Aber abweichend vom hochdeutschen entbehren die umlautsfähigen vokale im comparativus des umlauts.

Beispiele: schlem, schlę̆mer, schlę̆mste; wę̆r°m, wę̆r°mer, wę̆r°mste; brun, brüñer, brüñste; jrǫuf, jrauver, jraufste; roñk, rǫ̆ñer, rǫ̆ñste; schę̆°f, schǫ̆ĭver, schǫ̆ĭfste; hü̆°ch, hü̆°jer, hü̆kste.

2. Die stämme, welche im anslaut das t eingebüsst haben, lassen dasselbe wieder erscheinen, z. b.: rü̆° (rot), rü̆°der, rü̆°tste; nü̆° (mit not), nü̆°der, nü̆°tste; schpĭ° (spät), schpĭ°der, schpĭ°tste; blü̆° (blü̆°der, blü̆°tste; löch (locker), löchter, löchste; kü̆° (schlimm), kǫ̆der, kǫ̆tste.

Von den wörtern, welche ursprünglich vor dem t ein k einschoben und dann das t fallen liessen, zeigt vor der comparativ-endung nur boñk das t: boñk, boñkter, boñkste; dagegen j°ſoñk — j°ſǫ̆ñer; roñk — rǫ̆ñer.

3. Diejenigen adjektiva, welche auf einen vokal (oder ursprünglich auf h, w) oder r ausgehen, schieben vor der comparativ- und die vokalisch auslautenden adjektiva auch vor der superlativ-endung d bezw. t ein: blǫ̆° (blau), blǫ̆°der, blǫ̆°tste; frü̆° (froh), frü̆°der, frü̆°tste; nǫ̆° (nahe), nǫ̆°der, nǫ̆°tste; ebenso frĭ° (zähe), wĭ° (wehe), klǫ̆°r (klar), ſĭ°r (rasch, sehr), jrǫ̆° (grau). Dieses euphonische oder stamhafte t zeigen nur im superlativus: bäü (bald), bäüer, bäütste; nǫ̆ü (nǫ̆ü), nǫ̆üer, nǫ̆ütste (genau); jrü̆°s, jrü̆°ser, jrü̆°tste (grösste); kǫ̆°t (kalt), käüer (kälter), käütste; lǫ̆ü (laf), lǫ̆üer, lǫ̆ütste; brǫ̆°t (breit), brǫ̆ĭjer, brǫ̆ĭtste; jäü (jach), jäüer, jäütste. Dieses euphonische d erscheint auch in nĭ°r (nieder, niedrig), nĭ°der, nĭ°rste.

4. Unregelmässige komparation: jĕⁿr, lçiver, lçifste; föl, mⁿö, mⁿötste; jöt, bẹiser, bẹiste.

Anmerkung. Der superlativus wird in der regel durch umschreibung mit janz gebildet.

## C. Das Pronomen.

### § 1. Pronomen personale.

Auch hier ist das alte sprachgut bis auf die beiden casus: nominativus und accusativus zu grunde gegangen. Nur im fem. und neutr. der 3. pers. sind accus. und dat. noch geschieden. Die deklination lautet daher also:

|  | 1. pers. | 2. pers. | | 3. pers. | |
|---|---|---|---|---|---|
| S. Ïch | du | hçⁿ | ſei (ſé) | hẹt (es) |
| fä(n) mïch | fä(n) dïch | fä(n) hŏ̤m | fä(n) hŏ̤ⁿr | fä(n) hŏ̤m |
| mïch | dïch | hŏ̤m | hŏ̤ⁿr | hŏ̤m |
| mïch | dïch | hŏ̤m | ſei (ſe) | hẹt |

| P. für | ür | | ſei | |
|---|---|---|---|---|
| fä(n) ös oder oñs | fä(n) üch | | fä(n) hŏ̤n | |
| oñs oder ös | üch | | hŏ̤n | |
| oñs oder ös | üch | | ſei. | |

Anmerkung. In der rede tritt an unbetonter stelle für ſei — ſé, hẹt — ẹt, hŏ̤m — ŏ̤m, für — fẹr, ür — ẹr ein.

### § 2. Die pronominalen adjektiven

lauten in der ma. mŭ̈ne, dŭ̈ne, ſŭ̈ne, hŏ̤re fürs mascul., mïñ, dïñ, ſïñ, hŏ̤ⁿr fürs fem., mí, dí, ſí, hŏ̤ⁿr fürs neutr.; ferner ŏ̤ſe, ŏ̤s, ŏ̤s, üre, ŭ̈ⁿr, ŭ̈ⁿr, hŏ̤n.

### § 3. Pronomen demonstrativum.

| Sing. dŏ̤ⁿ | dí | dät (ẹt) | Plur. dí |
|---|---|---|---|
| fá dŏ̤m | fá dŏ̤ⁿr | fá dät | fá dön |
| dŏ̤m | dŏ̤ⁿr | dŏ̤m | dön |
| dŏ̤m | dí | dät | dí. |

Anmerkung 1. Das pronomen relativum ist gleich dem pron. dem. Von dem stamme hwe, der in welcher steckt, sind keine formen erhalten.

Anmerkung 2. Das pronomen dieser hat sich nur noch erhalten in verbindung mit zeitangaben: dŏ̤ſe mŏ̤nt, — weñkter, — ſŏ̤mer, — hẹrps, dẹs jŏ̤ⁿreszït, dẹs frŏ̤chjŏ̤ⁿr, dẹs dách.

Anmerkung 3. Von dem stamme jĕn (jener) sind keine formen erhalten. Wahrscheinlich geht aber der artikel in den verbindungen: äjén dŏ̤ⁿr (an der thüre), fŏ̤jen hus (vor dem hause), öpĕne bẹrich (= op jéne b. auf dem berg) auf das pronomen jẹner zurück.

### § 4. Pronomen interrogativum.

wç̆ⁿ, wät, fá wŏ̆m, wŏ̤m, wŏ̤m, wät.

### § 5. Pronomen indefinitum.

ŏ̤me (ioman, jemand), nŏ̤me (niemand), jĕderŏ̤ñe (jedermann), jẹt (ioht, etwas), nüs (nichts).

## D. Die zahlwörter.

| I. Grundzahlen. | | | |
|---|---|---|---|
| 1 çᵘ | 16 ſĕ̆ssę̆ñ | 90 nünzich | |
| 2 zwęi | 17 ſǫ̆venzę̆ñ | 100 hǫ̆ndert | |
| 3 drei | 18 ächzę̆ñ | 1000 duſent. | |
| 4 fĭᵘr | 19 nünzę̆ñ | | |
| 5 fǫ̆nᵉf | 20 zwanzich | II. Ordnungszahlen. | |
| 6 ſĕ̆s | 21 çᵘnę̆nzwanzich | dᵘr ĕ̆schte (der erste) | |
| 7 ſǫ̆ve | 22 zwę̆lę̆nzwanzich etc. | zwęide | |
| 8 acht | 27 ſǫ̆venę̆nzwanzich | drĕ̆ide | |
| 9 nŭ̈ñ | 28 ächę̆nzwanzich | fĭᵘrde | |
| 10 zę̆ñ | 29 nünę̆nzwanzich | fǫ̆nᵉfde | |
| 11 ŏ̆lᵉf | 30 drę̆sich etc. | ſĕ̆sde | |
| 12 zwę̆lᵘf | 40 fę̆zich | ſǫ̆vende | |
| 13 drǫ̆zę̆ñ | 50 föfzich | ächde | |
| 14 fę̆zę̆ñ | 60 ſĕ̆ssich | nŭ̈ñde | |
| 15 föfzę̆ñ | 70 ſǫ̆venzich | zę̆ñde etc. | |
| | 80 ächzich | | |

## Cap. 2.
### Die conjugation.

Die deutsche sprache unterscheidet zwei hauptconjugationen: die starke und die schwache. Die erstere bildet das praeteritum durch verwandlung des stamvokals, den sog. ablaut, letztere mit hülfe des verbums thun. Beide arten der conjugation sind in der mundart erhalten. Wie im nhd. wird das perf., plusquampf und fut. akt. und das ganze pass. mit hülfsverben gebildet, und zwar das perf. und plusquampf mit hülfe von ha (haben) oder ſiᵘ (sein), das fut. mit hülfe von ſal (soll) und endlich das pass. mit wǫ̆ᵘde. Dabei ist aber zu bemerken, dass die mundart statt des passivums lieber die construktion mit mᵘ (man) und aktivem verbum wählt. Zu diesen umschreibenden temporibus kommt in der achener mundart noch hinzu das particip. praes., das durch äl mit der adverbial gebildeten form des infinitivs auf s ausgedrückt wird, z. b.: äl jǫ̆ᵘns (gehend), äl jĕ̆vens (gebend). Eine der achener mundart eigentümliche bildung ist der infinitivus der verba: trĕ̆ᵘne (treten), bę̆ᵘne (beten), brǫ̆ᵘne (braten), lane (laden), rǫ̆ᵘne (raten), klę̆ᵘne (kleiben), mĭᵘne (mähen), bĭᵘne (bähen), nĭᵘne (nähen), krĭᵘne (krähen), schplĭᵘne (entwöhnen), drĭᵘne (drehen), ſĭᵘne (säen). Nach ausfall des t bezw. b oder j wurden die infinitive einsilbig und das n erhalten. Nachher hing man nach analogie der übrigen verba, wie z. b. nach rę̆ᵘne (regnen), ſę̆ᵘne (seganon), ein e an.

### A. Die starke conjugation.
#### Paradigma.

| Praes. Ind. | Ich jĕ̆f (gebe) | fŭr jĕ̆ve (geben) | Conj. fehlt. | |
|---|---|---|---|---|
| | dŭ jĕ̆s (giebst) | ŭr jĕ̆t (gebet) | | |
| | hęᵘ jĕ̆t (giebt) | ſᵘ jĕ̆ve (geben). | | |

| Praet. | Ich jǫ̆ᵘf (gab) | fŭr jǫ̆ᵘve (gaben) | jŭ̈ᵘf (gäbe) | jŭ̈ᵘve |
|---|---|---|---|---|
| | dŭ jǫ̆ᵘfs (gabst) | ŭr jǫ̆ᵘft (gabet) | jŭ̈ᵘfs | jŭ̈ᵘft |
| | hę̆ᵘ jǫ̆ᵘf (gab) | ſᵘ jǫ̆ᵘve (gaben) | jŭ̈ᵘf | jŭ̈ᵘve. |

Imperativus: sg. jĕf, pl. jĕt. — Infinitivus: jĕve.

Part. perf. pass.: jᵉjĕve. — Perf.: Ich hä jᵉjĕve.

Plusquampf Ind.: Ich häŭ jᵉjĕve. — Conj.: Ich hĕï jᵉjĕve.

Futurum: Ich ſal ⎤
　　　　　ſöŭ ⎦ jĕve.

Die alte sprache unterscheidet 5 (bezw. 6) klassen der starken conjugation. Diese sind alle in der mundart erhalten.

## I. Klasse.

1. abteilung. Zu dieser klasse gehören die verba, deren stamm auf einfache muta oder auf s und z ausgeht.

Die ablautsreihe ist: im ahd.: i, é, ä, a, ë; in der ma.:
ĕ (ęi vor s, i vor ch), ḝ (ęi vor s, i vor j), ǫ̈ (ŭᵘ vor s), ĕ (ęi vor s, ç vor j), jĕf, jĕve, jǫ̈ᵘf, jǫ̈ᵘve (conj. jŭᵘf), jᵉjĕve; ęis (esse), [2. p. ḝs, 3. p. ḝs], ęise, ǫ̈ᵘs (conj. ŭᵘs), ǫ̈ᵘse.(conj. ŭᵘse), ięise; fręis, fręise, frŭᵘs, frŭᵘse, fręise; lĭch [2. p. lĭs, 3. p. lĭt], lĭje, lǫ̈ᵘch (conj. lĭᵘch), lǫ̈ᵘje (conj. lĭᵘje), jᵉlęje. Neben ǫ̈ᵘse findet sich die form ŭᵘse; trḝᵘn (trete), hat [2. p. trḝᵘns, trḝᵘnt], trḝᵘne, trŭᵘn, trŭᵘne, jᵉtrǫ̈ᵘne. Ferner folgende verba: ſiᵘ (sehen), verjęise (vergessen), * wḝſe, wǫ̈ᵘr, jᵉwḝᵘs; tręke (ziehen), hat trǫ̀k, jᵉtrǫ̀ke.

Anmerk. bḝde (bitten), verschrḝke (erschrecken), lḝᵘſe, męise (messen) sind in die schwache conj. übergetreten: bḝdet, verschrḝket, lḝᵘſet, męiset.

2. abteilung. Zu dieser abteilung gehören die verba, deren stamm auf einfache liquida oder nasal ausgeht.
Ablautsr.: ahd.: i, é, ä, a, o; ma.: ḝ, ḝ, ǫ̈ᵘ (ŭᵘ vor l, r, ch), ǫ̀ (ǫ̈ᵘ vor l, ǫn vor ch); nḝm (nǫ̀ms, nǫ̀mt), nḝme, nǫ̀ᵘm (conj. nŭᵘm und nḝim), nǫ̀ᵘme, jᵉnǫ̀me; schtḝᵘl (schtḝᵘls, schtḝᵘlt), schtḝᵘle, schtŭᵘl, schtŭᵘle, jᵉschtǫ̈ᵘle; schprḝich (schprḝchs, schprḝch), schprḝiche, schprŭᵘch, schprŭᵘche, jᵉschprǫuche.

Zu dieser abteilung gehören folgende verba: schtęiche (stechen), bręiche (brechen), schwḝᵘre (schwören und schwären), kǫ̀me (kommen).

Anmerk. 1. In die schwache conjugation ist wḝᵘvet (wob) übergetreten.

Anmerkung 2. trḝfe und hḝve (heben) haben im praeteritum trḝif, hḝif, wie die verba der V, 1. klasse.

3. abteilung. Zu dieser abt. gehören die verba, deren stamm auf geminierte liquida, auf liquida + muta oder geminierten nasal oder nasal + muta ausgeht. Die ablautsreihe lautet:
　　　ahd.: i, é, a, u, o; ma.: ḝ ḝ, ḝḝ, ǫ̀, ǫ̀, ǫ̆ (e und o vor lz und nk); verbḝrʲch (verbḝrʲchs, verbḝrʲcht), verbḝrʲje, verbǫ̀rʲch, verbǫ̀rʲje; klḝm (klǫ̀ms, klǫ̀mt), klḝme klǫ̀m, klǫ̀me, jᵉklǫ̀me; schmelz, schmelze, schmolz, schmolze, jᵉschmolze.

Zu dieser klasse gehören folgende verba: hḝlᵉpe, schwḝme, wḝne (gewinnen), rḝne (gerinnen), bĕñe (binden), fĕñe (finden), ſĕñe (singen), schpréñe, ſeŭke (sinken), schteñke (stinken), dreñke (trinken), schtḝrᵉve (schtḝrᵘfs, schtḝrᵘft), schḝlde, jḝlde (kaufen, gelten), wḝde (werden).

Anmerkung. In die schwache conjugation sind übergetreten: dręische, fliᵘte (flechten), bäschte (bersten), schwḝle, mḝlᵉke, zwḝñe (zwingen), klḝñe (klingen), heñke (hinken), weñke (winken), rḝne (rinnen) und schpḝne.

## II. Klasse.

Die ablautsreihe dieser klasse lautet: ahd.: i, i, ei (e). i, i; ma.: i (ĭ, e^e, ę̆ĭ), i, ę̆ĭ (ę̆), ę̆ĭ (ę̆), ę̆^ö (ęi vor f, ę^e vor ch, ę vor j); blīf, blive, blę̆ĭf, blęive, blę^ö ve; schlif, schlife, schlĕf, schlĕfe, j^e schlęife.

Nach dieser klasse gehen pife (rauchen), bise, rise, j^e liche, b^e jrife, drive, verschlise, schliche, schtriche, krische, schwĭje, krĭje, schplise.

Anmerkung. Die meisten wörter dieser klasse werden schwach conjugiert, und von sämtlichen geht die schwache form des praeteritums neben der starken als gleichberechtigt her. Nur schwach flektieren: jrife, knipe, rĭje (reiten), afschtrĭje (abstreiten), lĭje (leiden), schnĭje (schneiden), blę^e che (bleichen), wiche, schrę̆ĭje, schpö̆ṹe (spiuwan, speien), schnę̆ĭje (schneien), schĭñe (scheinen), frive und rive (reiben), schrive, j^e dę̆ĭje (gedeihen), lę̆ne (leihen), verzę̆ĭje (verzeihen), — praet. jrifet etc. Das participium perf. pass. aber zeigt die starke form: j^e jręife etc.

## III. Klasse.

Die ablautsreihe lautet:

ahd.: iu, ia, ou, u, o; ma.: ü (ŭ̈, ę̆ĭ, ǫ̆̈, u, ŭ, ę̆), ǫ̆ (ǫ̆^ö, ŭ^ö), ǫ (ǫu, ǫ^ö);
kruf, krufe, krǫ̆f, j^e krǫufe; flŭ̈je, flǫ^ö ch, j^e flǫ^ö je.

Nach dieser klasse gehen folgende verba: rüche, rǫ̆ch, j^e rǫuche; v^e rlŭ̈ſe, v^e rlŭ̈^ö r, v^e rlǫ^ö re; ferner v^e rdrŭ̈ſe, b^e drŭ̈je, bę̆ĭje (bę̆ĭts, bę̆ĭt) (bieten), bǫ̆^ö, j^e bǫ̆^ö (geboten); ſufe, ſǫ̆f, j^e ſǫufe; jǫ̆se, jǫ̆s, j^e jǫse; schlǫ̆se, j^e nǫ̆se, schǫ̆se.

Neben der starken form des praeteritums findet sich vorzugsweise die schwache. Sie kommt allein vor von frŭ̈ſe (frieren), flŭ̈ſe oder flǫ̆ſe (fliessen), lŭ̈je, bŏ̈je (biegen), ſŭ̈^w e (saugen) schpruse (spriessen).

Anmerkung. frŭ̈ſe und v^e rlŭ̈ſe zeigen grammatischen wechsel.

## IV. Klasse.

Ablautsreihe: ahd.: ă, ă, ŭă, ŭă, ă; ma.: ă, a, ŭ^ö, ŭ^ö, a;
făr (fę̆^ö rs, fę̆^ö rt), fare, fŭ̈^ö r, fŭ̈^ö re, j^e fare; drach (drę̆^ö s, drę̆^ö cht), draje, drŭ̈^ö ch, drŭ̈^ö je, j^e draje. Hierhin gehören noch schlǫ̆^ö (slan, schlę^ö s, schlę^ö t), schlöch, schlöŭ^w e, j^e schlaje und schtǫ^ö, schtǫ̆ñ, j^e schtăñe.

Anmerkung. Die übrigen verba dieser klasse werden schwach flektiert: bäke, lane (laden), schäfe, wase (wachsen), węische (waschen).

## V. Klasse.

Hierhin gehören die verba, welche ursprünglich ihr praeteritum durch reduplikation bildeten. Es sind fünf unterabteilungen zu unterscheiden.

1. abteilung. Ablautsreihe: ahd: ă, ă, ĭă, ĭă, a; ma.: ă, ă, ę̆ĭ, ęi, ă:
fäle (fę̆ls, fę̆lt), fäle, fę̆ĭl, fę̆ĭle, j^e fäle; häŭ^w e (halten, hę̆ls, hę̆lt), hę̆ĭl, hę̆ĭle, j^e häŭ^w e.

Die übrigen verba werden wie im neuhochdeutschen schwach flektiert. Es sind: fäñe (falten), ſalze.

Anmerkung. jǫ^ö (gan, gehen) hat jǫ̆ñ, j^e jäñe, häñe (hę̆ñs, hę̆ñkt), hǫ̆ñ, j^e häñe; fäñe wird schwach flektiert.

2. abteilung. Ablautsreihe: ahd.: a, a, ĭa, ĭa, a; ma.: ǫ̆, ǫ̆, ę̆ĭ, ęi, ǫ̆;
schlǫ̆f, schlǫ̆fe, schlę̆ĭf, schlę̆ĭfe, j^e schlǫ̆fe.

Nach dieser abteilung geht noch lǫ̈se (lassen). Die übrigen verba brǫ̈ne (braten), rǫ̈ne (raten), blǫ̈fe (blasen) haben ein schwach gebildetes praeteritum: brǫ̈net etc., dagegen ein starkes particip. perf. pass.: jᵉrǫ̈ne etc.

3. abteil. Ablautsreihe: ahd.: ūă, ūă, Yă, Yă, ūa; ma.: ǫ̇, ǫ̇, ǫ̇ĭ. ǫ̇ĭ, ǫ̇; rǫ̈f (rǫ̈fs, rǫ̈ft), rǫ̈fe, rǫ̈ĭf, rǫ̈ife, jᵉrǫ̈fe.

4. abteil. Ablautsreihe: ahd.: ei, ei, Yă, Yă, ei; ma.: ǫᵉ, ǫᵉ, ǫ̇ĭ, ǫi, ǫᵉ; hǫᵉsch (hǫᵉsch, hǫᵉscht), hǫᵉsche, hǫ̈ĭsch, hǫische, jᵉhǫᵉsche.

5. abteil. Ablautsreihe: ahd. ou, ia, ia, ou; ma.: oⁿ, oⁿ, ǫ̇ĭ, ǫi, oⁿ; loⁿf (laufen, lö̈ᵘfs, lö̈ᵘft), loⁿfe, lǫ̈ĭf, lǫife, jᵉloⁿfe.

Hierhin gehört noch schtö̆se mit ö̆ im praesens und ö im part.: schtö̆se, schtǫ̈ĭs (neben schtǫ̈ᵘs), schtǫise, jᵉschtǫ̈se.

Anmerkung: hǫ̈ăʷe (hauen = schlagen) ist im praet. in die schwache conjugation übergetreten: hǫ̈ăʷet, jᵉhǫ̈ăʷe.

## VI. Klasse.

Hierhin gehören mit bindevokallosem praesens: jǫ̈ (gan, gen, gehen). schtǫ̈ (stan, sten, stehen) und duᵘ (thun). Die stamformen der beiden ersten verba sind schon angeführt. Das praesens lautet:

### I. jǫ̈ (gehen).

Sing. 1. p. jǫ̈ (jǫ̈n vor vokalen); 2. p. jǫ̈s (gehst); 3. p. jǫ̈t.

Plur. 1. p. jǫ̈nt; 2. p. jǫ̈t; 3. p. jǫ̈nt.

Imp. 2. s. jañk (geh); 2. p. jǫ̈t (geht).

Anmerk. Nach jǫ̈ geht schtǫ̈ u. in ach. ma. schlǫ̈ (schlagen = slan).

### II. duᵘ (thun).

Sing. 1. p. duᵘ (duᵘn vor vokalen); 2. p. dǫ̈s; 3. p. dǫ̈t.

Plur. 1. p. dǫ̈nt; 2. p. dǫ̈t; 3. p. dǫ̈nt.

Imp. dǫ̈üch, dǫ̈t.

Praet. Ind. Sing. 1. p. dǫ̈ᵘch; 2. p. dǫ̈ᵘchs; 3. p. dǫ̈ᵘch.

Plur. 1. p. dǫ̈ⁿje; 2. p. dǫ̈ⁿcht; 3. p. dǫ̈ⁿje.

Conj. Sing. 1. p. dṻᵘch; 2. p. dṻᵘchs; 3. p. dṻᵘch.

Plur. 1. p. dṻᵘje; 2. p. dṻᵘcht; 3. p. dṻᵘje.

Anmerkung. Das alte t im plur. hat noch bewahrt haut (sie haben). Dies ist bei diesem verbum wie bei den andern aus der 3. plur. in die 1. plur. gedrungen: für hant.

### III. ſiᵘ (sein).

Praes. Indik. ben, bǫ̈s, ǫ̈s — ſǫ̈nt, ſǫ̈t, ſǫ̈nt. — Imp. bǫ̈s, ſǫ̈t.

Praet. Indik. wǫ̈ᵘr, wǫ̈ᵘr, wǫ̈ᵘr, wǫ̈ᵘre etc. — Conj. wṻᵘr, wṻᵘrs etc. Part. pass. jᵉwǫ̈s.

## VII. Klasse.

### Praeterito-praesentia.

Von einer reihe deutscher stamverben ist die praesensform verloren gegangen; die form des praeteritums erhielt die bedeutung des praesens und von dieser als praesens geltenden form entwickelte sich eine neue form des praeteritums nach art der abgeleiteten verben, bei einigen sogar noch mit neuem umlaut. Die hierher gehörenden verben sind: kö̆ne (ich kan, du kans, hę̆ⁿ kan, für kŏne, ir kŏnt, ſei kŏne); praet. kuⁿnt, kuⁿnst, kuⁿnt, kuⁿnte; part. jᵉkuⁿut und kŏne; jŏne (jŏn, jŏnst, jŏnt); praet. jŏnet; part. jᵉjont. dǫrᵉfe (darᵉf, darᵉfs, darᵉf, dŏrᵉfe); praet. durᵉf und dǫrᵉf; das t des praet. ist abgefallen, während es in der regel erhalten ist: part. jᵉdǫrᵉft. Neben diesem verbum geht das im aussterben begriffene dǫⁿsche, ich dasch; praet. dǫ̆ⁿsch, mhd. türren, engl. to dare her, das seit der mitte des 17. jahrhunderts mit dem vorhergehenden verbum verwechselt wurde. ſǫle (ſal, ſals, ſal, ſǫle, ſǫlt); praet. ſǫ̆ⁿᵂ, ſǫ̆ⁿds, ſǫ̆ⁿᵂ, ſǫ̆ⁿᵂe, ſǫ̆ⁿᵂt); part. ſǫle; mǫ̆ⁿje (mögen), mǫ̆ⁿt, jᵉmǫ̆ⁿt; mǫ̆se (mǫ̆s, für die 1., 2., 3. p. mǫ̆se, mǫ̆st); praet. muⁿt, conj. müⁿt; part. mǫ̆se.

Anmerkung: Danach hat bᵉmǫ̆ⁿje im praet. bᵉmuⁿt.

wěse (wę̆ᵉs, für die 1., 2., 3. sg. wěse, wěst), wŏs (wusste), jᵉwŏst; dǫ̆ⁿᵂe (taugen, doⁿch, doⁿchs, doⁿcht); praet. dǫ̆ⁿᵂet; partic. jᵉdǫ̆ⁿt.

wǫ̆le (wollen, wel, wels, welt, wǫ̆le); praet. wǫuⁿ, wǫ̆ⁿds, wǫ̆ⁿᵂ, wǫ̆ⁿᵂe, wǫ̆ⁿᵂt); part. jᵉwělt und wǫ̆le.

## B. Die schwache conjugation.

1. Dieser conjugation gehören solche verba an, die durch die suffixe i (j), ô oder ê aus andern verbal- oder nominalstämmen entstanden sind. Diese drei klassen sind nachher zusammengefallen; nur die erste ist noch am umlaut zu erkennen, z. b.: wę̆rᵉme, dęmpe, zę̆le, schę̆le (schälen und schellen), nę̆ⁿre, verschrę̆ke, verdę̆rᵉve, ſęze (sitzen machen), (dagegen ſéze, sitzen).

2. Das praeteritum wird in dieser conjugation bekantlich durch anfügung von got. da, ahd. ta, nhd. te gebildet. Vor dieser endung ist im nhd. ausser vor d und t der bindungsvokal e gefallen, in der mundart dagegen erhalten, das schluss-e aber geschwunden: lijet (litt), schpę̆let (spielte).

Anmerkung 1. Im praesens ist, wie im nhd., das bindungs-e gefallen: ſę̆z. ſę̆z, ſę̆zt.

Anmerkung 2. mǫ̆ñe hat im praet. meñkt.

3. Nur in den verben: brę̆ne, lę̆ⁿje, ſę̆ze, zę̆le, kę̆ne ist auch in der mundart das ursprüngliche i im praeteritum und partic. perf. geschwunden; mit dem schwund des i ist der grund des umlauts gefallen, und es tritt sog. rückumlaut ein: brant, lät (legte), ſäz (setzte), zalt (zählte), kañkt. Das part. lautet: jᵉlat, jᵉſäz, jᵉbrant, jᵉzalt.

4. brę̆ñe und dę̆ñke bilden ihr praet. wie im nhd. brät (brachte) und dät (dachte); vor dem suffix ist die spirans geschwunden wie in ſät (sagen, ſäch, ſę̆s, ſę̆t, ſät), verſuⁿt (versuchte), vᵉrkǫ̆ⁿt (verkauft).

5. Das verbum han geht im praesens nach jǫⁿ (gehe), nur dass im plural kein umlaut eintritt. Im praet. lautet das verb.: häⁿ (= habeta — haveta), häⁿs, häⁿ, häⁿᵂe, häⁿt, häⁿᵂe; conj. hę̆ⁿ, hę̆ⁿs, hę̆ⁿ, hę̆ⁿje, hę̆ⁿt, hę̆ⁿje. Part. jᵉhät.

6. Zu den schwachen verben gehören alle diejenigen zeitwörter, welche der mundart eigentümlich sind. Sie sind eben meist weiterbildungen zu andern verben oder noch häufiger von nominalstämmen abgeleitet.